足球训练完全图解

完美射门技术

（全彩图解修订版）

[德] 托马斯·杜利（Thomas Dooley）
克里斯蒂安·蒂茨（Christian Titz） 著 陈柳 译

人 民 邮 电 出 版 社
北 京

图书在版编目（CIP）数据

足球训练完全图解. 完美射门技术 : 全彩图解修订版 / (德) 托马斯·杜利 (Thomas Dooley) , (德) 克里斯蒂安·蒂茨 (Christian Titz) 著 ; 陈柳译. -- 2版. -- 北京 : 人民邮电出版社, 2020.8
ISBN 978-7-115-49866-3

Ⅰ. ①足… Ⅱ. ①托… ②克… ③陈… Ⅲ. ①足球运动—射门—运动训练—图解 Ⅳ. ①G843-64

中国版本图书馆CIP数据核字(2020)第027949号

内 容 提 要

射门成功与否决定了比赛结果！一次成功的射门往往需要运动员具有优秀的综合素质，其中包括速度、力量、协调性、爆发力等在内的良好的运动能力，也包括传球、接球、控球在内的出色的个人足球技术，以及对战术的理解和团队协作能力。

本书以作者在业余和专业足球领域的多年执教经验为基础，通过配备赛场示意图和设置详细训练参数的方式，全面解析了 59 项射门技术专项训练，旨在提升运动员的射门技术水平，为教练提供合理、有效的训练方法，适合足球爱好者、运动员及教练员阅读。

◆ 著　[德] 托马斯·杜利（Thomas Dooley）
克里斯蒂安·蒂茨（Christian Titz）
译　陈　柳
责任编辑　裴　倩
责任印制　周昇亮
◆ 人民邮电出版社出版发行　北京市丰台区成寿寺路 11 号
邮编　100164　电子邮件　315@ptpress.com.cn
网址　https://www.ptpress.com.cn
北京天宇星印刷厂印刷
◆ 开本：700×1000　1/16
印张：8.25　2020 年 8 月第 2 版
字数：211 千字　2025 年 11 月北京第 14 次印刷
著作权合同登记号　图字：01-2015-8072 号

定价：49.80 元

读者服务热线：(010)81055296　印装质量热线：(010)81055316
反盗版热线：(010)81055315

目录

目录

前言

进球决定比赛的结果。因此，练习成功的射门动作至关重要。本书通过大量系统设计的训练示例向读者介绍了成功射门动作的训练方法，以及在日常例行训练中如何成功融入这些训练方式。

学习正确的射门动作和完成所要求的技术必须进行哪些系统训练？有哪些不同的射门选择？在射门之前或者在比赛情况下需要采用哪些动作？相关的跑动路线是怎样的？距离多远射门最可能得分？

本书将通过精选的训练和战术对所有这些问题做出简明且全面的解答。

本书阐述的所有训练是作者在业余和专业足球领域多年练习经验的总结。

除了相应的练习图片，作者还为每一个训练提供了大量的细节信息。这样运动员可以更轻松地进行训练，同时确保训练过程顺利完成。

衷心希望读者享受阅读过程并认真使用本书！

克里斯蒂安·蒂茨

技术建议

1. 基本原则
2. 优秀教练的特征
3. 不同射门技术概要
3.1 射门训练中常见的技术点
3.2 脚背踢球
3.3 香蕉球
3.4 脚内侧踢球
3.5 脚内侧射门
3.6 脚外侧射门
3.7 抛踢球
3.8 凌空抽射
3.9 高飞球（高球）
4. 教练的校正指南
5. 技术和姿势——接球和带球跑动
6. 技术和姿势——用脚底带球跑动
7. 技术和姿势——变换方向/假动作

1. 基本原则

运动员需要用大量的时间学习射门以及关键时机到来时所采用的球技和身体动作。因此，运动员必须采取个别训练同时结合传球和不同打法的训练方式。

精准的射门技术对于赢得足球比赛非常重要，毕竟进球决定着比赛结果。因此，必须将传球、假动作、接球和带球跑动等作为典型的准备动作进行相应的练习和演练。同时，一定要纠正练习中出现的错误。

虽然正确的训练方式往往能够实现成功的进球，但运动员很少会进行这样的训练：在尽可能少触球的情况下，在射门前快速接球和带球跑动，或者从不同的位置快速传球直接射门。

不同射门技术的训练方式：

- 采用脚内侧（脚内侧射门）
- 采用脚背（脚背踢球）
- 采用脚外侧
- 采用脚内侧踢球
- 香蕉球（旋转球）
- 采用抛踢球
- 凌空抽射
- 采用高飞球（高球）

在示范时必须考虑以下内容。

（1）球队必须在教练面前间距几码（1码=0.9144米，以下不再标注）的位置。

（2）必须解释和慢慢地示范动作顺序。

第一步是在球队前面慢慢示范，这样运动员才能从后面看到动作的顺序。（注意：青少年运动员从自身的角度观看示范时，他们可以更好地理解训练。）

(3)慢慢地着手进行训练，同时采用双脚交替练习。

(4)可以现场演练动作顺序，即要求运动员在不带球的情况下练习动作顺序。

2. 优秀教练的特征

- 总是要求准确性和速度（缓慢地完成长时间训练无法得到满意的比赛结果）。
- 解释练习和错误纠正，要避免信息过多（缺少重点会增加失误）。关键是恰当地纠正错误和流畅地完成练习。
- 要求运动员必须学会观察（在比赛过程中），同时在比赛中运用观察能力。
- 不断地纠正错误，以免运动员不由自主地犯错。
- 实事求是且生动形象地向运动员讲解。
- 对于能力较强的球队，教练可以在训练过程中模拟压力情景，这样运动员就可以做好应对比赛压力情形的准备（在完成练习的过程中采用大声说话、批评的语调或语言）。
- 不断要求运动员集中精力。
- 教练的行为（身体语言、语调和惩罚方式）从根本上决定了训练过程的质量。

在执行的过程中必须考虑两个基本方面。

(1)手臂动作有哪些?

(2)脚和身体的位置是怎样的?

3. 不同射门技术概要

3.1 射门训练中常见的技术点

- 支撑腿必须在与球同一水平位置且相距10英寸（1英寸=2.54厘米，以下不再标注）的一侧。
- 上半身稍微弯下贴近球。
- 从上到下摆动脚。
- 在射门过程中，手臂与脚的协调方法如下。
  a. 摆动右脚——右手臂向后移动，左手臂向前移动。
  b. 摆动左腿——左手臂向后移动，右手臂向前移动。
- 为了更好地说明训练内容，运动员可以向空中踢球。
- 在踢球时眼睛必须注视着球。运动员在预判传球时可以在传球运动员摆动腿时稍微反方向跑动或者跑向传球的运动员，并在朝前跑动的过程中接球，然后直接射门进球。
- 接球运动员/守门员的开始动作与传球运动员的摆动动作保持一致。
- 射门对运动员的细微动作技能有很高的要求，水平较低的球队（例如初学者和青少年运动员）必须采用跑向球并利用来球冲力的传球方式。这样运动员就能在球上施加更多的力量，从而提高球的速度。
- 对于射门技术的技术执行方式和姿势，传球/射门的力度、射门的准确性、射门和跑动的时机是成功完成射门的关键要素。

3.2 脚背踢球

足尖朝下，脚踝放松伸直，同时上半身稍微倾向球。接触面是脚背。

3.3 香蕉球

采用脚/脚趾内侧踢球并使球旋转。运动员跑向更靠近侧边的位置，同时身体一般是稍微向后靠。

3.4 脚内侧踢球

可以使用部分脚内侧和脚背踢球。支撑腿在球的一侧，同时运动员的上身呈倾斜姿势，足尖朝下。这个姿势类似于脚背踢球。

3.5 脚内侧射门

足尖朝上、脚踝弯曲紧绷并向外90° 打开。稍稍抬脚并踢中球的中间位置。带动身体倾向球，不要向后弯。

3.6 脚外侧射门

使用脚外侧踢球时身体可以稍稍向后弯。这里使用外脚趾和脚外侧踢球并使球旋转。

3.7 抛踢球

使用抛踢球方式时，在球触地的一瞬间采用脚背踢球。

教与学

- 双手持球，张开双臂让球掉落。在球触到地面的那一刻，必须使用脚背击球。在接触到球之后，腿部跟进弧形动作。球不应该旋转。
- 抛踢球练习可能存在的问题如下。

a. 在球触到地面之前，过早踢球。进行示范并解释。

b. 太慢踢球，球从地面弹起。进行示范并解释。

c. 对于一些青少年运动员，这个技术难度太高，同时需要一定的时间才能掌握。只有当青少年运动员能够自如地完成动作顺序，他们才能掌握这个技术。可以让青少年运动员在球触到地面之后再踢球。这样可以培养运动员理解碰撞点的感觉/时机，同时他们也不需要不断地重新捡球开始训练。也可以通过说“Go”来强调碰撞点。在围栏网前面练习是一个不错的选择。

3.8 凌空抽射

在凌空抽射时，上身稍微向前倾。在低点（不要太高）时触球。这样可以更有力且更准确地射门。

3.9 高飞球（高球）

在完成高飞球时，脚位于球的下方，同时使用脚背托球。

4. 教练的校正指南

- 在支撑腿前面击球。
- 在触球之后，腿部跟进弧形动作。
- 足尖朝下。
- 脚踝放松伸直。
- 注意手臂的位置。
- 小步跑向球。

5. 技术和姿势——接球和带球跑动

- 必须只以一脚触球的方式接球和带球跑动。
- 可以使用右脚或左脚内侧/外侧接球和带球跑动。
- 在接高传球时，运动员必须在球触到地面的一瞬间处理球。如果球处理恰当，那么球就不会从地面弹起，因此运动员可以立刻带球跑动。
- 为了避免球弹起，同时快速且顺畅地接球和带球跑动，运动员必须抓住时机和采用恰当的球处理技术。
- 使用右脚内侧接球和带球跑动的示例演示了运动员使用脚内侧在球触地的瞬间移动球。执行这个动作的过程中，腿部朝着球的方向从右边摆到左边（类似于发球门球时脚的动作，但是摆动幅度较小），这样就可以避免球弹起和滚开。身体所有的重量都在支撑腿上；上身转动到髋关节的右边（右肩向后转动）。眼睛注视着球，上身稍微倾向球。
- 使用脚外侧接球和移动球时，脚踝向内侧转动。膝盖下的小腿也跟着转动，这样脚才可以在球的方向完成从上到下和从左到右的动作。球的碰撞点是整个脚外侧。

在支撑腿后面接球并将球移动到左脚

这种接球技术动作以方向瞬间侧向改变的方式来完成。可以使用脚内侧完成。必须以一脚触球的方式和流畅的动作完成该动作。完成这个动作的过程中，脚朝着来球的方向移动。在触球之前，将脚拉回（速度稍微比球速慢）。现在可以慢慢地接球，同时使用脚内侧控球。

6. 技术和姿势——用脚底带球跑动

在这个变化中，可以上拉将要接球的脚趾，这样当球触到地面时，脚的一部分可以从上方挡住球，避免球向上弹起。同时接球腿膝盖稍微弯曲并向前移动。上身保持直立，手臂位于身体两侧，肘关节弯曲，手掌相对。

7. 技术和姿势——变换方向/假动作

适用范围

假动作是身体虚晃动作。这意味着必须注意上身的动作顺序。必须总是双脚一同进行训练。多次触球、始终控球，同时在靠近脚的位置带球，这样对手就无法抢到球。

技巧

目的是打败和摆脱对手，因此很重要的是：

在完成假动作后要加快速度[短距离冲刺大约7英尺（1英尺 = 0.3048米，以下不再标注）]。一开始慢一些，接着慢慢在练习过程中提高速度。为了记住假动作，可以不断地纠错、示范和讨论动作。快速重复大量的触球动作是掌握新的假动作和处理技术的必要条件。最后，必须在面对障碍和对手的情况下练习假动作。

训练流程

（1）球队在教练面前站好位置。

（2）教练一开始要解释训练和分解动作，同时示范动作顺序。首先是站在球队前面，接着是站在一个可以让运动员从后面看到训练动作的位置，这样有利于运动员更好地重新体会训练。

（3）让运动员站着重复训练，接着纠正错误，同时解释各个训练的细节。

（4）让运动员慢慢地重复训练，接着纠正错误。

（5）不断提高速度，直至达到最高的练习速度。

（6）使用锥桶代表对手。距离锥桶大约7英尺的位置可以作为正确的开始时机（开始使用假动作）的定位教具。

（7）成功的假动作事实上并不只是由假动作的运用能力所决定的。最主要的是开始假动作的准确时机（不早也不晚）。两名运动员以很快的速度朝对方跑动时，可以在大约相距10～14英尺的位置使用假动作。如果控球运动员朝等待不动的运动员跑动，那么可以将距离缩短为大约7英尺。

（8）很重要的是，在使用假动作的过程中，会出现一个明显的上身假动作，防守者一般都会对此做出反应。

1 与拦截回传球的运动员一起完成简单的射门练习

训练项目

- 球处理技术

训练重点

- 射门

训练要素

特定目标：	速度预判、外脚背、运球、快速制订决策、脚内侧、脚内侧踢球法、组合踢法、跑动中的控球技术、脚背
年龄层次：	6岁以上
运动水平：	任意
训练形式：	分组
训练架构：	主要/重点方面
目标：	提高个人能力
参训运动员总数量：	4名或4名以上
可参加的运动员：	整支球队
训练场所：	任意
空间要求：	指定比赛场地
时长：	10～15分钟
生理机能：	足球特定耐力、力量
守门员数量：	1名

组织方式

设置1名守门员并为运动员设置1个开始锥桶。在球门旁边设置1名将球踢回的运动员。站在开始锥桶位置的运动员带1个球。

过程

站在开始锥桶位置的运动员向球门旁边将球踢回的运动员传球，然后跑向球门。将球踢回的运动员将球回传到跑动路线上，这样运动员就可以直接射门。接着，站在开始位置的另一名运动员开始训练。定期更换将球踢回的运动员。

变化方式

1. 开始的运动员运球并在第二次触球时射门。

2. 开始的运动员踢出低传球或空中球。

3. 将球踢回的运动员以低球或高球方式传球。

4. 比赛：计算进球数量，将球踢回的运动员可以计算踢回的次数。在这个变化中，将球踢回的运动员可以在传球后离开自己的位置并根据自己的优势积极回传。

器材 1个标准球门和1个锥桶。

技巧

- 目的是学习正确地使用脚内侧射门、脚背踢球、脚内侧踢香蕉球的技术，以便提高射门的速度和准确性。同时要求使用能力较弱的脚射门（总是交替使用右脚和左脚）。

- 在射门时注意自身的姿势：上身倾向球；支撑腿与球间距为12 ~ 16英寸，脚对着射门的方向，手臂大幅度晃动；最接近射门腿的手臂可以模仿腿晃动的动作，使用右脚射门时，右手臂向后晃动以便更好地发力，左手臂向前晃动，同时眼睛注视着球。
- 为了避免拖延，在运动员完成射门后，下一名运动员立刻开始训练。
- 如果开始的运动员使用空中球踢向将球踢回的运动员，那么他必须采用脚背内侧踢球，这样球会沿着直线且稍微向上的轨迹飞行。
- 开始的运动员开始做晃动动作时，将球踢回的运动员可以做出细微的相反动作，接着再稍微向来球方向移动。
- 接球和带球跑动必须是一个流畅的动作。必须避免在接球和运球时球反弹的距离过远或太偏离直线跑动的路线。
- 必须严格使用一次触球的方式接球和移动球，然后在二次触球后射门。

场地大小 25码×20码。

锥桶的间距

根据不同的年龄组，球门与锥桶的间距介于10 ~ 25码。

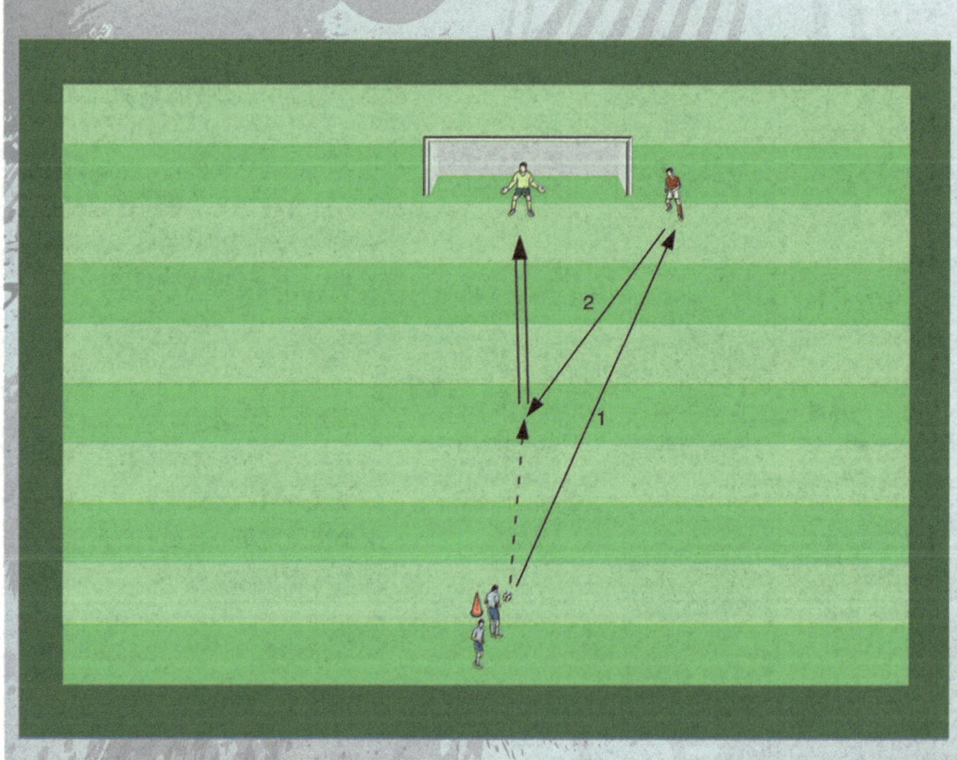

2 使用不同的运球方式练习障碍路线射门

训练项目

- 球处理技术

训练重点

- 射门

训练要素

特定目标:	速度预判、运球、快速制订决策、脚内侧、脚内侧踢球法、组合踢法、跑动中的控球技术、以身体做出假动作、反应速度、脚背、香蕉球
年龄层次:	6岁以上
运动水平:	任意
训练形式:	站位
训练架构:	主要/重点方面
目标:	提高个人能力
参训运动员总数量:	4名或4名以上
可参加的运动员:	整支球队
训练场所:	任意
空间要求:	指定比赛场地
时长:	10~20分钟
生理机能:	足球特定耐力、力量
守门员数量:	1名

组织方式

如图所示，在球门前面设置好射门障碍训练。运动员带球站在各自指定的位置。

过程

A组：运动员运球通过锥桶障碍路线。必须使用双脚运球。先用紧挨着锥桶的左脚内侧运球。这意味着右脚在锥桶的右边，左脚在锥桶的左边。使用右脚突然转向射门。

B组（1）：运动员在锥桶前面使用假动作后绕过锥桶并射门。这意味着运动员使用右脚内侧绕过锥桶将球带到左边，然后（在锥桶后面）以右脚外侧将球踢到右边，接着使用脚内侧/脚背踢球射门。也可以从左边练习相同的动作顺序。

B组（2）：运动员使用任意脚运球绕过锥桶，然后使用右脚射门。

C组：运动员在锥桶障碍路线上运球。先用左脚外侧在锥桶的右边运球。必须使用两只脚交替控球。这意味着左脚（脚外侧）在锥桶右边，而右脚（脚外侧）在锥桶左边。最后左脚突然转向射门。

球队队员可以在一个站位停留一定的时间，或者在每次射门后顺时针改变站位。

如果球队没有守门员，那么射门不成功的运动员自动成为守门员。

激励方法

球队之间进行打赌，“你无法在3分钟内完成10个进球：失败者必须做15个俯卧撑。”或者守门员与运动员之间进行打赌，没有完成10个进球，失败者必须做15个俯卧撑。

器材

1个标准球门、18个锥桶和2个小型球门。

技巧

- 确保以一次触球的方式传球，同时在距离队友不远的跑动方向踢球。
- 守门员必须快速跑向球门。
- 干净利落地执行身体假动作。以一次触球的方式接球和移动球。
- 要求使用不同的射门技术（脚内侧、脚背、脚外侧、香蕉球）。
- 快速运球穿过障碍路线。
- 交替使用双脚练习射门。
- 要求使用正确的姿势。
- 在射门前不要停下来，必须在跑动中射门。

场地大小 35码 ×20码。

锥桶的间距

A组和C组：每个锥桶的间距1.5码。小型球门与第一个锥桶之间的最大射门间距为10码。

B组（1）：每个锥桶的间距3码。大球门与第一个锥桶之间的最大射门间距为16码。

B组（2）：每个锥桶的间距4码。大球门与第一个锥桶之间的最大射门间距为15码。

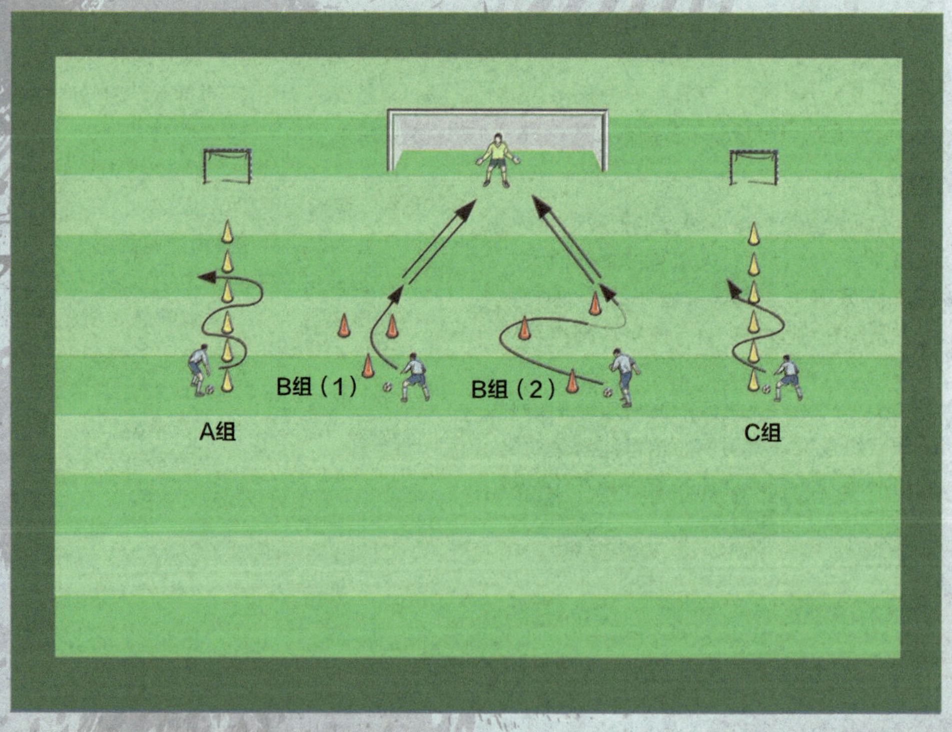

3 使用运球和传球方式练习障碍路线射门

训练项目

- 球处理技术

训练重点

- 射门

训练要素

特定目标:	带球的动作速度、进攻表现、速度预判、脚外侧、带球跑动、运球、快速制订决策、脚内侧、推传球（脚内侧）、跑动中组合球处理技术、在三角形中传球、传球经过几个站位、反应速度、脚背
年龄层次:	6岁以上
运动水平:	任意
训练形式:	分组
训练架构:	热身、主要/重点方面
目标:	提高进攻表现，提高个人能力
参训运动员总数量:	6名或6名以上
可参加的运动员:	整支球队
训练场所:	任意
空间要求:	指定比赛场地
时长:	10~25分钟
生理机能:	足球特定耐力、力量
守门员数量:	1名

组织方式

如图所示，在球门前面设置射门障碍训练。运动员带球站在各自指定的位置。

过程

左外侧站位：运动员运球通过锥桶障碍路线。必须使用双脚交替控球。先在锥桶左边使用左脚内侧运球。这意味着右脚在锥桶的右边触球，而左脚在锥桶的左边触球。最后右脚突然转向射门。

中间站位：运动员A将球传给运动员C，并绕过运动员C跑动，运动员C将球传给运动员B，运动员B将球斜传到运动员A的跑动路线上，接着A射门。在完成一个训练回合后运动员改换位置。

接下来可以在反方向练习传球组合。运动员A将球传给运动员B，并绕过运动员B跑动，运动员B将球传给运动员C，运动员C将球斜传到运动员A的跑动路线上，接着A射门。在完成一个训练回合后运动员改换位置。

右外侧站位：运动员运球通过锥桶障碍路线。必须使用双脚交替控球。先在锥桶右侧使用左脚外侧运球。

这意味着左脚在锥桶右边触球，而右脚（脚外侧）在锥桶左边触球。最后使用左脚突然转向射门。

球队可以在一个站位练习一定的时间，或者在每次射门后顺时针改变站位。如果球队里没有守门员，那么射门失败的运动员自动成为守门员。

激励方法

球队之间进行打赌："你无法在3分钟内完成10个进球；失败者必须做15个俯卧撑。"或者守门员与运动员之间进行打赌，没有完成10个进球，失败者必须做15个俯卧撑。

器材

1个标准球门、15个锥桶和2个小型球门。

技巧

- 确保以一次触球方式传球，同时在距离队友不远的跑动路线上踢球。
- 守门员必须快速跑向球门。
- 运动员对球做出预判，运动员B和运动员C在传球前采用相反的动作。
- 要求使用不同的射门技术（脚内侧、脚背、脚外侧、脚背外侧或香蕉球）。
- 快速运球穿过障碍跑动路线。
- 交替使用双脚练习射门。
- 要求使用正确的姿势。
- 在射门前不要停下来，必须在跑动中射门。

场地大小 35码×20码。

锥桶的间距

外侧站位：每个锥桶的间距1.5码。小型球门与第一个锥桶之间的最大射门间距为10码。

中间站位：每个锥桶之间的最大间距为5码。标准球门与第一个锥桶之间的最大射门间距为16码。

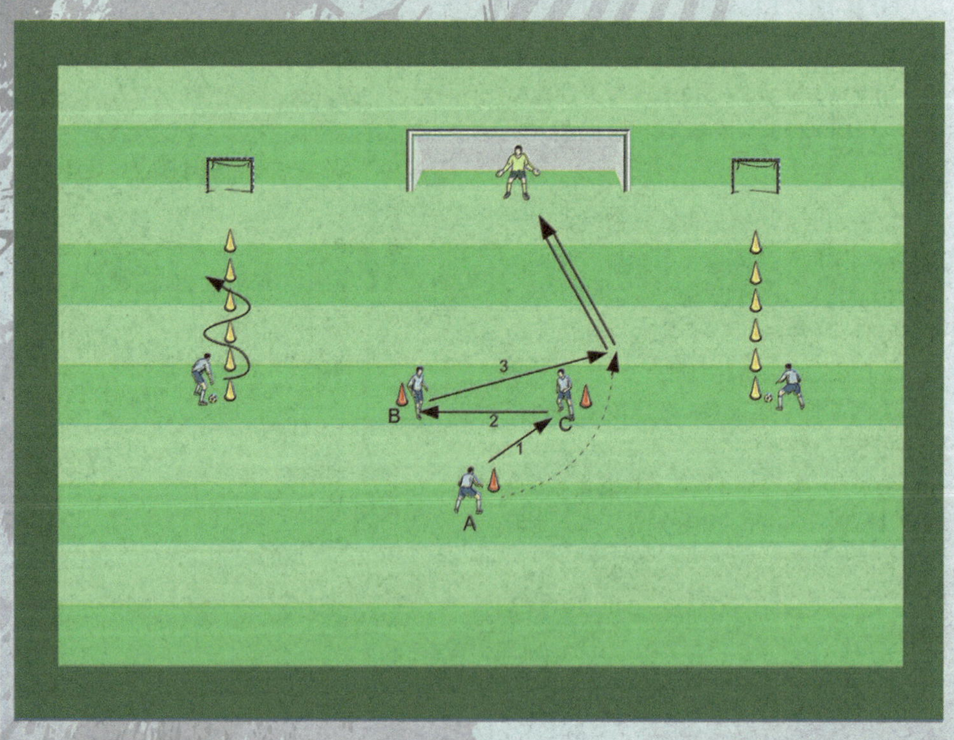

4 与固定的拦截反弹球的运动员一起射门，变化I

训练项目

- 球处理技术

训练重点

- 射门

训练要素

特定目标:	带球的动作速度、速度预判、快速制订决策、推传球（脚内侧）、脚内侧踢球法、脚背
年龄层次:	6岁以上
运动水平:	任意
训练形式:	分组
训练架构:	主要/重点方面
目标:	提高个人能力
参训运动员总数量:	4名或4名以上
可参加的运动员:	整支球队
训练场所:	任意
空间要求:	指定比赛场地
时长:	10~15分钟
生理机能:	足球特定耐力、力量
守门员数量:	1名

组织方式

如图所示，设置1个球门、2个开始锥桶和1个将球踢回的运动员站立位置的锥桶。运动员均匀地分站在2个开始锥桶之后。同时将球均匀地分布在2个开始锥桶的位置。开始的运动员总是带着1个球。

过程

来自两支球队的运动员开始轮流向将球踢回的运动员快速地传出低球。接着，他让球反弹到开始运动员的跑动路线上，开始的运动员直接射门。接着，他在另1个开始锥桶位置排队等待。一旦将球踢回的运动员将球回传，站在另一个锥桶位置的开始运动员就可以开始传球。经常更换将球踢回的运动员，这样就可以使用两只脚交替练习传球和射门。

器材 1个标准球门和3个锥桶。

技巧

- 确保使用左脚和右脚交替练习射门。运动员必须在1个锥桶位置使用左脚传球或射门，接着在另一个锥桶位置使用右脚传球或射门。
- 射门时必须注意自身的姿势：上身倾向球；支撑腿与球相距12 ~ 16英寸，脚对着射门的方向，手臂跟着晃动；最靠近射门腿的手臂必须模仿腿部的晃动动作（使用右腿射门时，右臂向后晃动以积蓄动力，左臂向前晃动），射门时眼睛必须注视着球。

- 开始的运动员开始做晃动动作时，将球踢回的运动员要做出轻微的反向移动，然后小步跑向球。
- 必须在适当的位置（按照教练的要求）练习不同的射门技术（脚内侧踢球、脚背踢球或香蕉球）。
- 将球踢回的运动员将球传给跑动中的运动员时，等待开始的运动员必须跟上训练。
- 完成传球后，只有在准备射门的运动员开始晃动时，开始的运动员才可以开始跑动。

场地大小 35码×25码。

锥桶的间距

球门与将球踢回的运动员站立的锥桶位置的间距：10 ~ 16码。

将球踢回的运动员站立的锥桶位置与开始锥桶的间距：5 ~ 9码。

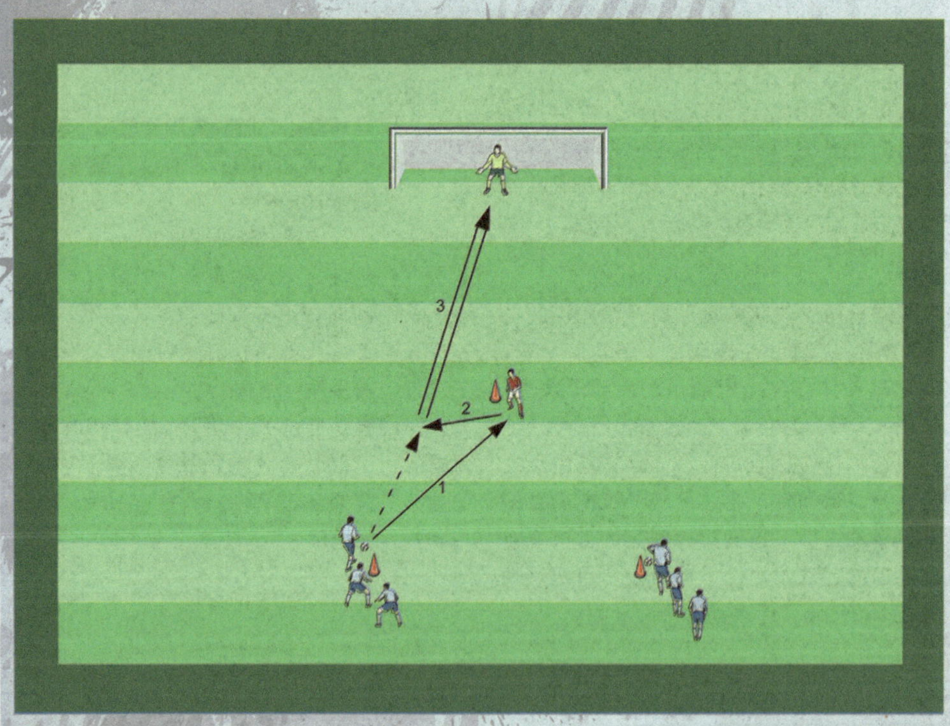

5 与固定的拦截反弹球的运动员一起射门，变化II

训练项目

- 球处理技术

训练重点

- 射门

训练要素

特定目标：	推传球、力量、带球的动作速度、速度预判、脚背外侧、接球和运球、二过一、快速制订决策、脚内侧、推传球（脚内侧）、脚内侧踢球法、跑动中组合球处理技术、反应速度、脚背
年龄层次：	6岁以上
运动水平：	任意
训练形式：	分组
训练架构：	主要/重点方面
目标：	提高个人表现
参训运动员总数量：	4名或4名以上
可参加的运动员：	整支球队
训练场所：	任意
空间要求：	指定比赛场地
时长：	10～15分钟
生理机能：	足球特定耐力、力量
守门员数量：	1名

组织方式

如图所示，设置1个球门、2个开始锥桶和1个将球踢回的运动员站立位置的锥桶。运动员均匀地分站在2个开始锥桶之后。同时将球均匀地分布在2个开始锥桶的位置。开始的运动员总是带着1个球。

过程

来自两支球队的运动员开始轮流向将球踢回的运动员快速地传出低球。接着，他将球踢到跑动路线上。球队使用一次触球的方式练习接球，能力较弱的球队可以以二次或三次触球的方式练习接球。练习在快速运球后射门。经常更换将球踢回的运动员。

器材 1个标准球门和3个锥桶。

技巧

- 确保使用左脚和右脚交替练习射门。运动员必须在一个锥桶位置使用左脚传球或射门，接着在另一个锥桶的位置使用右脚传球或射门。
- 射门时必须注意自身的姿势：上身倾向球；支撑腿与球相距12 ~ 16英寸，脚对着射门的方向，手臂跟着晃动；最靠近射门腿的手臂必须模仿腿部的晃动动作（使用右腿射门时，右臂向后晃动以积蓄动力，左臂向前晃动），射门时眼睛必须注视着球。
- 开始的运动员开始做晃动动作时，将球踢回的运动员要做出轻微的反向移动，然后小步跑向球。

- 在完成传球后，只有在将球踢回的运动员开始晃动时，开始的运动员才可以开始跑动。
- 接球和带球跑动必须是一个流畅的动作。在接球和运球时必须避免球反弹得太远或直接偏离跑动路线太远。
- 必须在适当的位置（按照教练的要求）练习不同的射门技术（脚内侧踢球、脚背踢球或香蕉球）。

场地大小 35码×25码。

锥桶的间距

球门与将球踢回的运动员站立的锥桶位置的间距：10 ~ 16码。

将球踢回的运动员站立的锥桶的位置与开始锥桶的间距：6 ~ 9码。

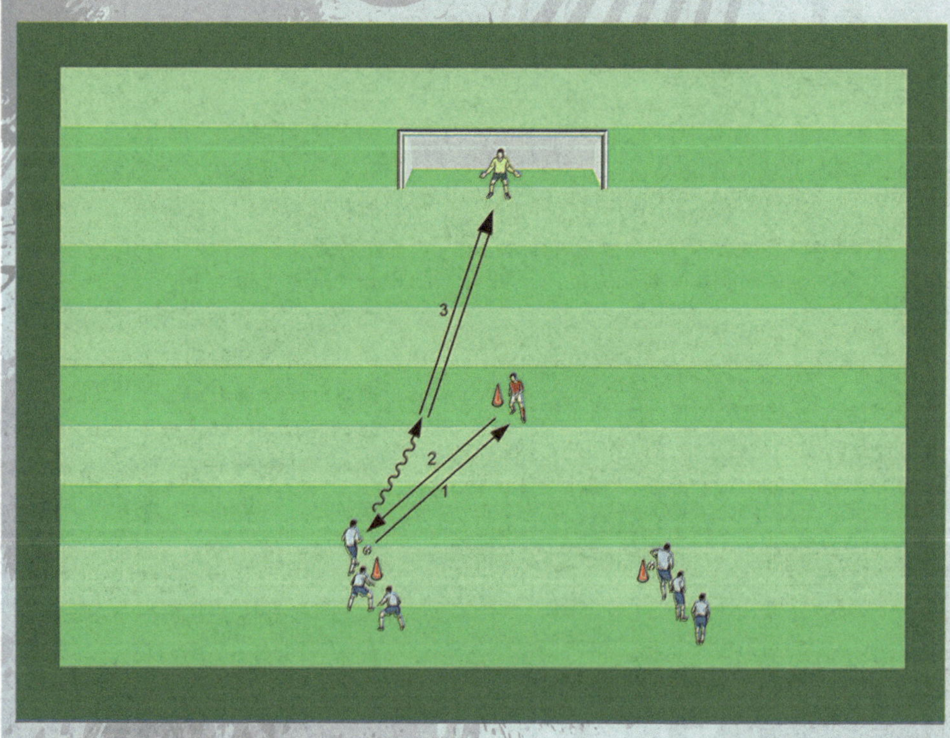

6 与固定的拦截反弹球的运动员一起射门，变化III

训练项目

- 球处理技术

训练重点

- 射门

训练要素

特定目标：	带球的动作速度、速度预判、脚背外侧、带球跑动、快速制订决策、跑动中组合球处理技术、跑动中使用头球、短传、凌空抽射、脚背、香蕉球
年龄层次：	9岁以上
运动水平：	高级
训练形式：	分组
训练架构：	主要/重点方面
目标：	提高个人能力
参训运动员总数量：	6名或6名以上
可参加的运动员：	整支球队
训练场所：	任意
空间要求：	指定比赛场地
时长：	10～15分钟
生理机能：	足球特定耐力
守门员数量：	1名

组织方式

如图所示，设置1个球门、2个开始锥桶和1个将球踢回的运动员站立位置的锥桶。运动员均匀地分站在2个开始锥桶之后。同时将球均匀地分布在2个开始锥桶的位置。开始的运动员总是带着1个球。

过程

来自两支球队的运动员开始轮流向将球踢回的运动员踢出高球。他有以下两种选择。

（1）他可以接住球并以头球的方式将球投给开始的运动员。

（2）他用胸部停住球并将球高高地踢回。开始的运动员必须用头部接住球，同时将球踢进球门。可以先用头部接球，接着用脚控球；也可先用头部接住球，再立刻凌空抽射。下一名运动员在开始的运动员接住球后立刻开始训练。经常更换将球踢回的运动员。

器材 1个标准球门和3个锥桶。

技巧

- 在踢高球时，脚必须放在球下面，同时用脚背将球托起。
- 射门时必须注意自身的姿势：上身倾向球；支撑腿与球相距12～16英寸，脚对着射门的方向，手臂跟着晃动；最靠近射门腿的手臂必须模仿腿部的晃动动作（使用右腿射门时，右臂向后晃动以积蓄动力，左臂向前晃动），射门时眼睛必须注视着球。

- 在凌空抽射时，上身要稍微朝前弯曲。触球点要低（不要太高）。这样踢球的力度会更大且准确性更高。
- 确保在将球踢回的运动员将球传给射门的运动员后，等待开始的运动员能立刻训练。
- 在用头部接球或移动球时，很重要的一点是在跑动的方向上尽可能保持低球（前额接触点稍微朝下），同时不要让球弹跳起来或弹到一侧（头部要靠后）。

场地大小 35码×25码。

锥桶的间距

球门与将球踢回的运动员站立的锥桶位置的间距：10～16码。

将球踢回的运动员站立的锥桶的位置与开始锥桶的间距：3～9码。

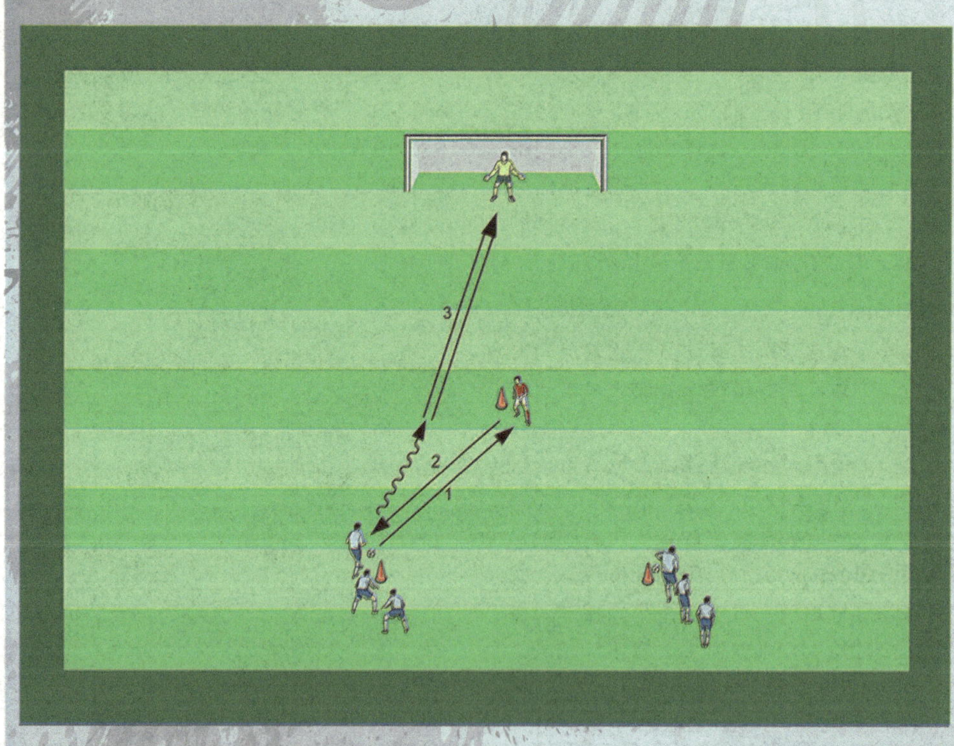

7 与固定的拦截反弹球的运动员一起射门，变化IV

训练项目

- 球处理技术

训练重点

- 射门

训练要素

特定目标：	带球的动作速度、速度预判、带球跑动、二过一、快速制订决策、跑动中组合球处理技术、反应速度、凌空抽射、脚背
年龄层次：	11岁以上
运动水平：	高级
训练形式：	分组
训练架构：	主要/重点方面
目标：	提高个人能力
参训运动员总数量：	4名或4名以上
可参加的运动员：	整支球队
训练场所：	任意
空间要求：	指定比赛场地
时长：	10～15分钟
生理机能：	足球特定耐力
守门员数量：	1名

组织方式

如图所示，设置1个球门、2个开始锥桶和1个将球踢回的运动员站立位置的锥桶。运动员均匀地分站在2个开始锥桶之后。同时将球均匀地分布在2个开始锥桶的位置。开始的运动员总是带着1个球。

过程

来自两支球队的运动员开始轮流向将球踢回的运动员踢出高球。他将球高高地传回到开始的运动员的跑动路线上，同时自己跑到第二支球队的开始运动员位置。起始的运动员现在开始采用一次触球和二次触球的方式接球/移动球，或者在不接球的情况下直接射门。

然后，他站到另一个开始锥桶位置排队等待。一旦将球踢回的运动员将球回传，来自另一个锥桶位置的起始运动员就可以开始传球。经常更换将球踢回的运动员。

器材 1个标准球门和3个锥桶。

技巧

- 在踢高球时，脚必须放在球下面，同时用脚背将球托起。
- 射门时必须注意自身的姿势：上身倾向球；支撑腿与球相距12 ～ 16英寸，脚对着射门的方向，手臂跟着晃动；最靠近射门腿的手臂必须模仿腿部的晃动动作（使用右腿射门时，右臂向后晃动以积蓄动力，左臂向前晃动），射门时眼睛必须注视着球。

- 在凌空抽射时，上身要稍微朝前弯曲。触球点要低（不要太高）。这样踢球的力度会更大且准确性更高。
- 确保在将球踢回的运动员将球传给射门的运动员后，等待开始的运动员能立刻训练。
- 运动员开始做晃动动作时，将球踢回的运动员必须做出轻微的反向移动，同时小步跑向球。
- 接球和带球跑动必须是一个流畅的动作。在接球和运球时必须避免球反弹得太远或直接偏离跑动路线太远。
- 球离开将球踢回的运动员的脚下时，开始的运动员要向着球/球门的方向跑动。

场地大小 35码×25码。

锥桶的间距

球门与将球踢回的运动员站立的锥桶位置的间距：12～16码。

将球踢回的运动员站立的锥桶的位置与开始锥桶的间距：3～9码。

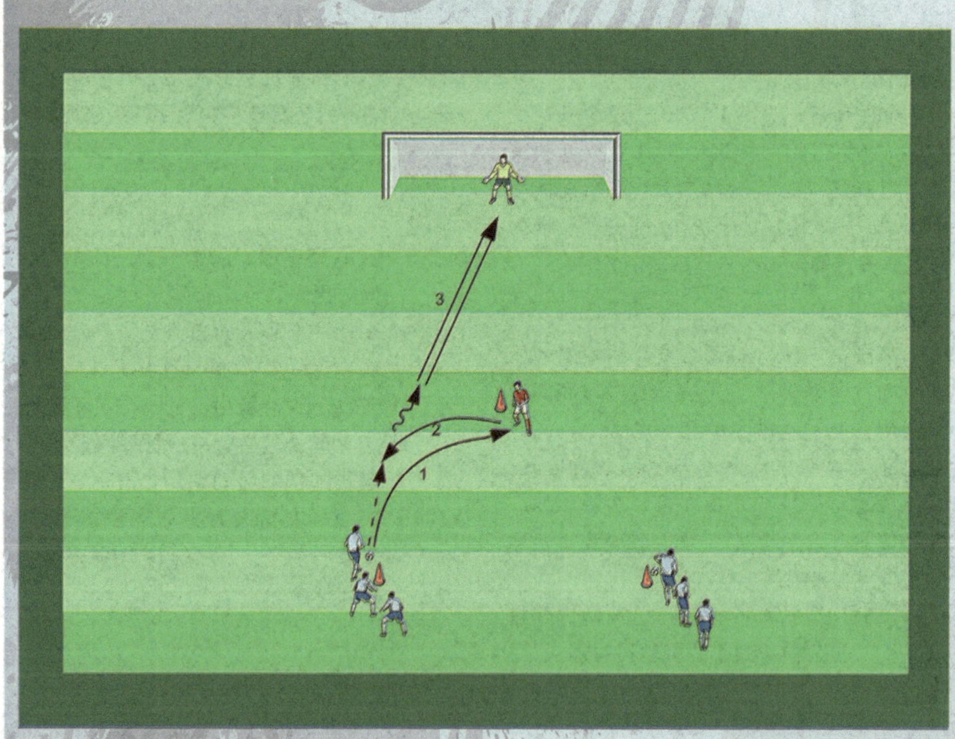

8 与固定的拦截反弹球的运动员一起射门，变化V

训练项目

- 球处理技术

训练重点

- 爆发力
- 假动作
- 射门

训练要素

特定目标：	推传球、力量、带球的动作速度、速度预判、接球和运球、二过一、运球、快速制订决策、脚内侧、推传球（脚内侧）、跑动中组合球处理技术、身体假动作、反应速度、脚背、香蕉球
年龄层次：	6岁以上
运动水平：	任意
训练形式：	分组
训练架构：	主要/重点方面
目标：	提高个人能力
参训运动员总数量：	4名或4名以上
可参加的运动员：	整支球队
训练场所：	任意
空间要求：	指定比赛场地
时长：	10～15分钟
生理机能：	足球特定耐力、力量
守门员数量：	1名

组织方式

设置1个球门，1个可以让运动员列队站立的开始锥桶，以及1个定位将球踢回的运动员站立位置的锥桶。站在开始锥桶位置的运动员带1个球。

过程

开始的运动员将球传给将球踢回的运动员，踢回的运动员接下来让球传回来。现在，运动员可以尝试做出假动作并将带球射门。一旦该运动员绕过了将球踢回的运动员，下一名运动员就可以立刻开始传球。经常更换将球踢回的运动员。

器材 1个标准球门和2个锥桶。

技巧

- 必须在距离站立的对手2码的位置使用假动作。
- 要求使用不同的假动作（剪式踢法、旋转或假动作射门等。）
- 一旦球离开将球踢回的运动员的脚，使用假动作的运动员就可以跑向球。
- 要求必须使用能力较弱的脚射门（或经常交替使用右脚和左脚）。
- 射门时必须注意自身的姿势：上身倾向球；支撑腿与球相距12 ～ 16英寸，脚对着射门的方向，手臂跟着晃动；最靠近射门腿的手臂必须模仿腿部的晃动动作（使用右腿射门时，右臂向后晃动以积蓄动力，左臂向前晃动），射门时眼睛必须注视着球。

- 为了避免拖延，在前一名运动员绕过将球踢回的运动员后，下一名运动员必须立刻开始训练。
- 开始的运动员开始做晃动动作时，将球踢回的运动员必须做出轻微的反向移动，同时小步跑向球。
- 接球和带球跑动必须是一个流畅的动作。在接球和运球时必须避免球反弹得太远或直接偏离跑动路线太远。
- 必须严格使用一次触球方式接球和移动球。
- 教练也可以担任将球踢回的运动员。
- 将球踢回的运动员可以根据身体体能，被动、部分主动或者主动地采取行动。

场地大小 35码×30码。

锥桶的间距

球门与将球踢回的运动员站立的锥桶位置的间距：12 ~ 18码。

将球踢回的运动员站立的锥桶位置与开始锥桶的间距：6 ~ 12码。

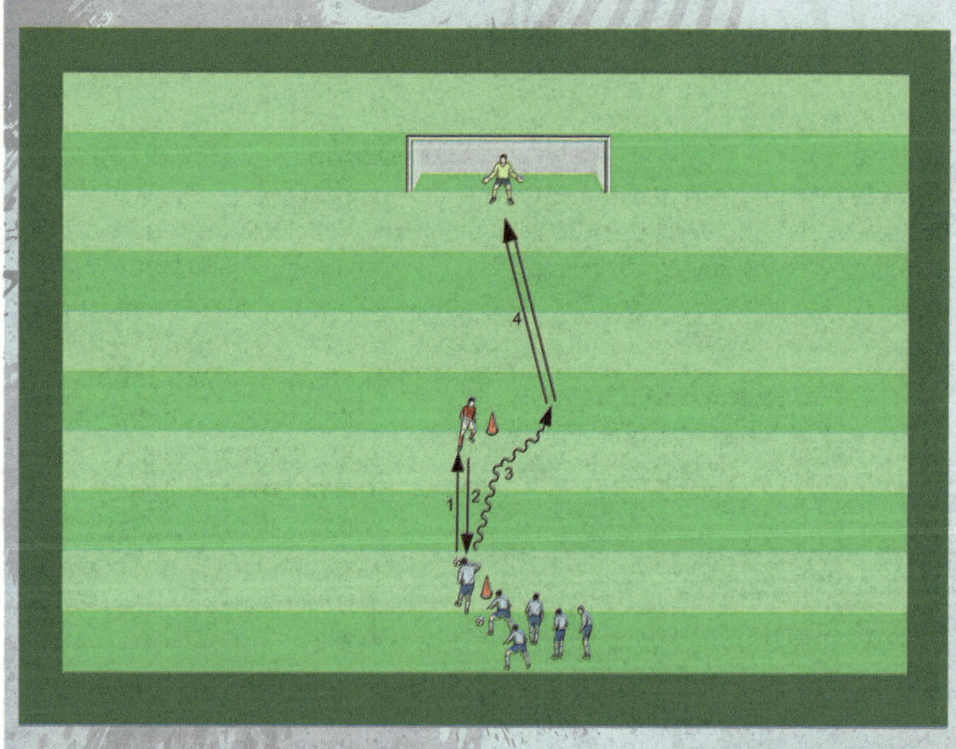

9 使用自身射门方式射门

训练项目

- 球处理技术

训练重点

- 射门

训练要素

特定目标：	推传球、力量、带球的动作速度、速度预判、抛踢球、快速制订决策、推传球（脚内侧）、跑动中组合球处理技术、短传、身体假动作、反应速度、凌空抽射、脚背
年龄层次：	6岁以上
运动水平：	任意
训练形式：	分组
训练架构：	主要/重点方面
目标：	提高个人能力
参训运动员总数量：	2名或2名以上
可参加的运动员：	整支球队
训练场所：	任意
空间要求：	指定比赛场地
时长：	10～15分钟
生理机能：	足球特定耐力、力量
守门员数量：	1名

组织方式

如图所示，设置1个球门、1个定向锥桶和1个开始锥桶。运动员带球站在开始锥桶的位置。

过程

运动员将球传到距离自己2 ～ 3码的位置，接着助跑射门。

变化方式1

在球弹起几次后，运动员向前踢出高球并凌空抽射。

变化方式2

类似于变化方式1，但是在这里，运动员必须在球触地前截击空中球并射门。

变化方式3

在球向上弹起时，运动员向前踢出高球并以抛踢球的方式射门。

器材 1个标准球门和2个锥桶。

技巧

- 要求必须使用能力较弱的脚射门（或经常交替使用右脚和左脚）。
- 射门时必须注意自身的姿势：上身倾向球；支撑腿与球相距12 ～ 16英寸，脚对着射门的方向，手臂跟着晃动；最靠近射门腿的手臂必须模仿腿部的晃动动作（使用右腿射门时，右臂向后晃动以积蓄动力，左臂向前晃动），射门时眼睛必须注视着球。

- 在凌空抽射时，上身要稍微朝前弯曲。触球点要低（不要太高）。这样踢球的力度会更大且准确性更高。
- 在进行抛踢球射门时，球触到地面时必须使用脚背接触球。
- 为了避免拖延，在前一名运动员射门后，下一名运动员必须立刻开始训练。
- 定向锥桶可以作为视觉教具。球与锥桶处于同一水平线时就必须射门。
- 传球不能用力过猛或动作太慢。

场地大小 35码×25码。

锥桶的间距

球门与定位锥桶的间距：8～16码。

定位锥桶与开始锥桶的间距：3～9码。

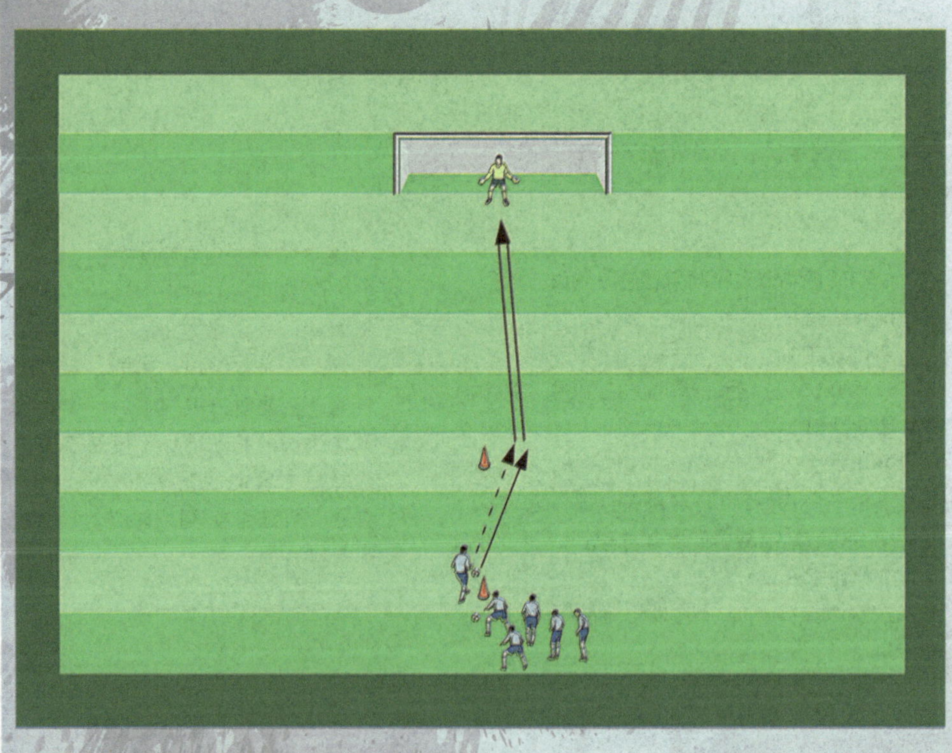

10 使用假动作运球后射门

训练项目

- 球处理技术

训练重点

- 假动作
- 射门

训练要素

特定目标：	带球的动作速度、速度预判、脚背外侧、带球跑动、运球、快速制订决策、脚内侧、推传球（内侧）、跑动中组合球处理技术、身体假动作、反应速度、脚背、香蕉球
年龄层次：	6岁以上
运动水平：	高级
训练形式：	分组
训练架构：	主要/重点方面
目标：	提高个人能力
参训运动员总数量：	2名或2名以上
可参加的运动员：	整支球队
训练场所：	任意
空间要求：	指定比赛场地
时长：	10～15分钟
生理机能：	足球特定耐力、力量
守门员数量：	1名

组织方式

如图所示，设置1个球门、1个定向锥桶和1个开始锥桶。运动员带球站在开始锥桶的位置。

过程

开始的运动员必须首先尽可能快地运球；在定向锥桶前做出一个假动作后立刻射门。完成假动作时，下一名运动员开始运球。

器材 1个标准球门和2个锥桶。

技巧

- 在运球时必须确保球靠近脚背外侧（球与脚的距离不超过20英寸）。
- 在距离定向锥桶大约2码的位置执行假动作。在与锥桶处于水平位置或者绕过锥桶时射门。
- 要求采用不同的假动作（剪式踢法、旋转、假动作射门或马修斯踢法等）。
- 必须交替练习左脚和右脚射门。
- 射门时必须注意自身的姿势：上身倾向球；支撑腿与球相距12 ～ 16英寸，脚对着射门的方向，手臂跟着晃动；最靠近射门腿的手臂必须模仿腿部的晃动动作（使用右腿射门时，右臂向后晃动以积蓄动力，左臂向前晃动），射门时眼睛必须注视着球。

- 在合适的位置（按照教练的要求）练习不同的射门技术（脚内侧踢球法、脚背踢球或香蕉球）。
- 上一名运动员完成射门时，下一名运动员开始运球。

场地大小 35码×25码。

锥桶的间距

球门与定位锥桶的间距：8～16码。

定位锥桶与开始锥桶的间距：8～9码。

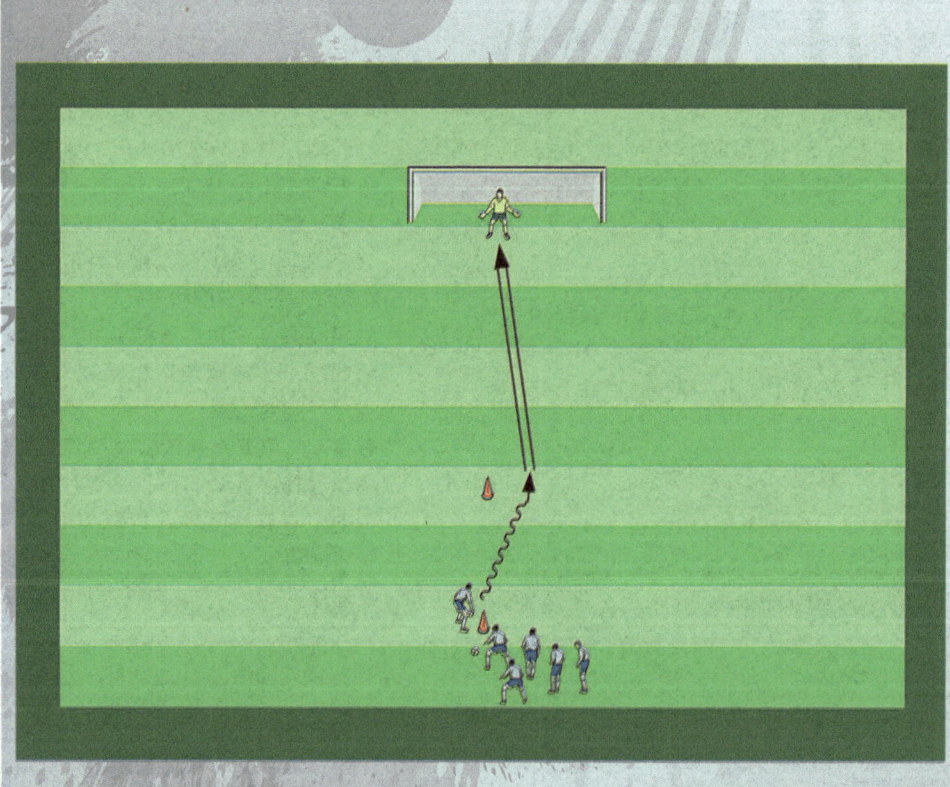

11 使用背部控球射门

训练项目

- 球处理技术
- 边锋战术/中位（横传）

训练重点

- 接球和带球跑动
- 射门

训练要素

特定目标:	推传球、力量、带球的动作速度、速度预判、脚背外侧、带球跑动、快速制订决策、脚内侧、推传球（内侧）、跑动中组合球处理技术、短传、身体假动作、反应速度、脚背
年龄层次:	6岁以上
运动水平:	任意
训练形式:	分组
训练架构:	主要/重点方面
目标:	提高个人能力
参训运动员总数量:	4名或4名以上
可参加的运动员:	整支球队
训练场所:	任意
空间要求:	指定比赛场地
时长:	10～15分钟
生理机能:	足球特定耐力、力量
守门员数量:	1名

组织方式

如图所示，设置1个球门、1个开始锥桶和1个用锥桶摆成的矩形区域。1名运动员站在矩形里面。其他运动员带球站在开始锥桶的位置。

过程

开始的运动员向矩形区域里面背对着球门的运动员踢出低传球。该运动员控球并射门。必须在矩形里面射门。射门的运动员捡回球，而传球的运动员站到矩形里面。

变化方式

可以采用空中球来替代低传球。

器材

1个标准球门和5个锥桶。

技巧

- 必须交替使用右脚和左脚练习射门。
- 射门时必须注意自身的姿势：上身倾向球；支撑腿与球相距12～16英寸，脚对着射门的方向，手臂跟着晃动；最靠近射门腿的手臂必须模仿腿部的晃动动作（使用右腿射门时，右臂向后晃动以积蓄动力，左臂向前晃动），射门时眼睛必须注视着球。
- 接球和运球必须是一个流畅的动作。在接球和运球时必须避免球反弹得太远或直接偏离跑动路线太远。

- 在移动球前首先要采用一个向侧边或后面朝着传球的运动员跑动的开始动作。
- 在合适的位置（按照教练的要求）练习不同的射门技术（脚内侧踢球法、脚背踢球或香蕉球）。
- 使用胸部接球时，上身必须在接触球时转向球门，这样就可以将球带到预定方向。
- 球离开传球运动员的脚时，传球运动员必须跑进矩形等待下一次传球。

场地大小 50码×35码。

锥桶的间距

球门与锥桶形成的矩形间距：16～20码。

锥桶形成的矩形与开始锥桶的间距：8～15码（低传/空中球）。

矩形中的锥桶的间距：3～5码。

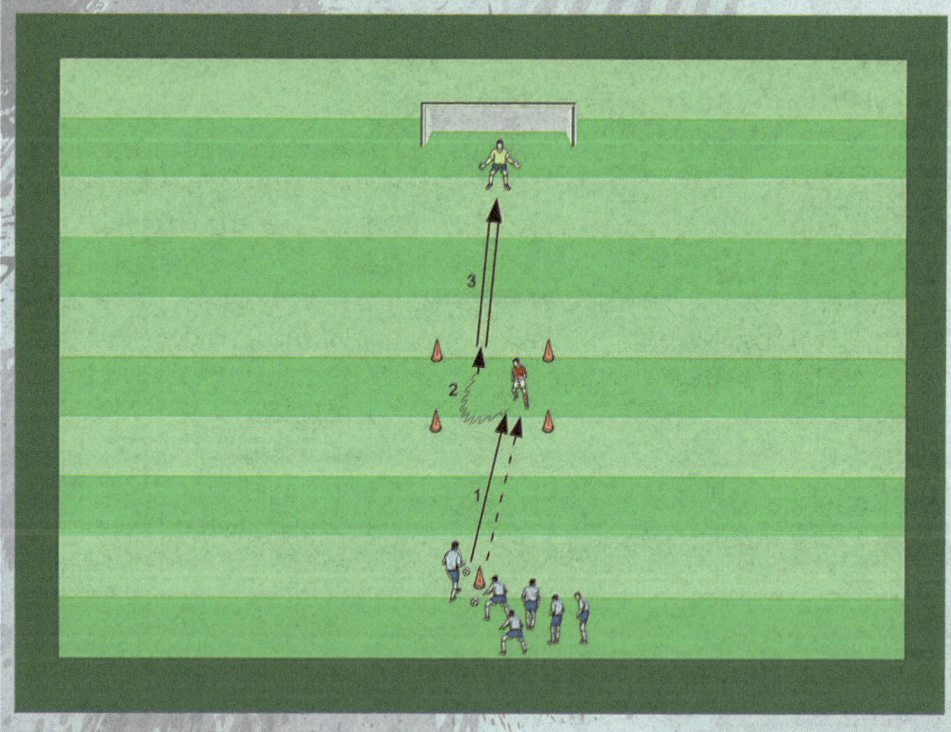

12 组合传球后射门

训练项目

- 球处理技术
- 边锋战术/中位（横传）

训练重点

- 接球和带球跑动
- 射门

训练要素

特定目标：	带球的动作速度、速度预判、脚背外侧、带球跑动、直接传球打法、快速制订决策、内侧传球、推传球（内侧）、跑动中组合球处理技术、传球经过多个站位、凌空抽射、脚背、香蕉球
年龄层次：	9岁以上
运动水平：	高级
训练形式：	分组
训练架构：	主要/重点方面
目标：	提高个人能力
参训运动员总数量：	6名或6名以上
可参加的运动员：	整支球队
训练场所：	任意
空间要求：	指定比赛场地
时长：	10～15分钟
生理机能：	足球特定耐力、力量
守门员数量：	1名

组织方式

设置1个球门、2个运动员列队站立的开始锥桶（A+B）和1个将球踢回的运动员站立的锥桶。运动员A带球。

过程

开始的运动员A颠球。接着他以凌空抽射方式将球传给将球踢回的运动员。该运动员直接将球传给跑动中的运动员B。B以一次触球的方式接停球，然后射门。

变化方式

运动员B必须立刻利用将球踢回的运动员传过来的球射门。接下来的位置改变按照以下方式进行：开始的运动员A变为将球踢回的运动员，将球踢回的运动员在运动员B出发的队尾站立，而开始的运动员B在捡回球后在运动员A出发的队尾站立。

器材 1个标准球门和3个锥桶。

技巧

- 要求使用能力较弱脚的射门（或经常交替使用左右脚）。
- 射门时必须注意自身的姿势：上身倾向球；支撑腿与球相距12～16英寸，脚对着射门的方向，手臂跟着晃动；最靠近射门腿的手臂必须模仿腿部的晃动动作（使用右腿射门时，右臂向后晃动，左臂向前晃动），射门时眼睛必须注视着球。

- 开始的运动员A将球传给将球踢回的运动员后，可以立刻跑向将球踢回的运动员的位置。
- 开始的运动员A开始做晃动动作时，将球踢回的运动员可以做出轻微的反向移动，接着小步跑向球。
- 接球和带球跑动必须是一个流畅的动作。在接球和运球时必须避免球反弹得太远或直接偏离跑动路线太远。
- 必须严格使用一次触球方式接球和移动球。
- 在凌空抽射时，上身要稍微朝前弯曲。触球点要低（不要太高）。这样踢球的力度会更大且准确性更高。

场地大小 35码×20码。

锥桶的间距

球门与将球踢回的运动员站立的锥桶位置的间距：8～16码。

将球踢回的运动员站立的锥桶位置与开始锥桶的间距：10～15码。

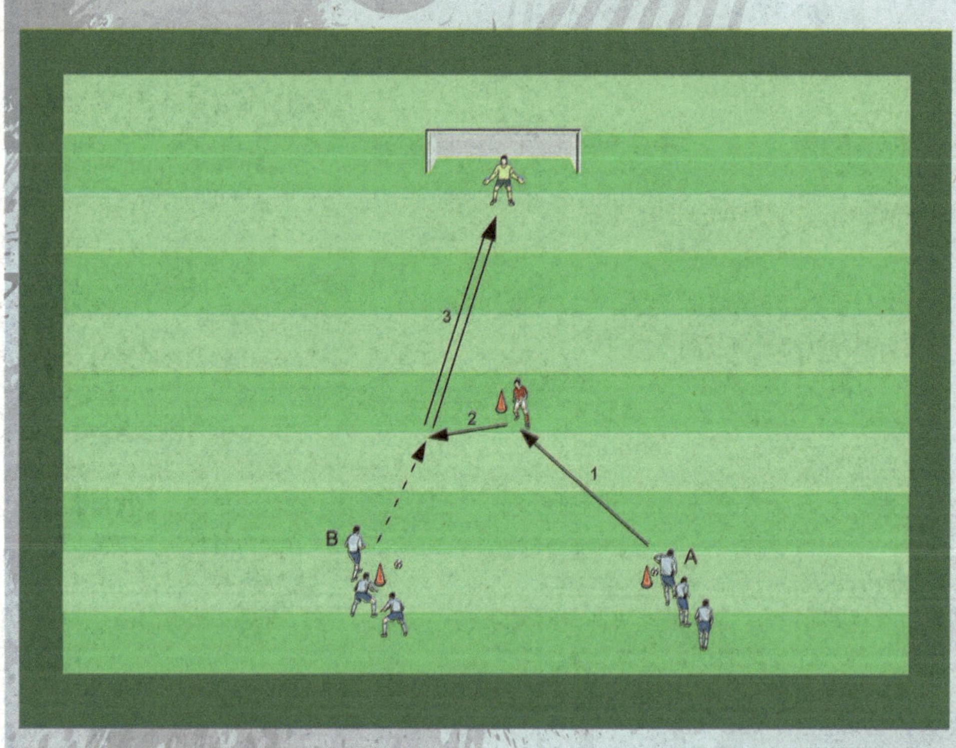

13 横向二过一射门

训练项目

- 球处理技术

训练重点

- 射门

训练要素

特定目标：	推传球、力量、带球的动作速度、速度预判、脚背外侧、直接传球、快速制订决策、脚内侧、推传球（内侧）、跑动中组合球处理技术、反应速度、香蕉球
年龄层次：	6岁以上
运动水平：	任意
训练形式：	分组
训练架构：	主要/重点方面
目标：	提高个人能力
参训运动员总数量：	4名或4名以上
可参加的运动员：	整支球队
训练场所：	任意
空间要求：	指定比赛场地
时长：	10～15分钟
生理机能：	足球特定耐力、力量
守门员数量：	1名

组织方式

设置1个球门、1个运动员列队站立的开始锥桶以及1个将球踢回的运动员站立的锥桶。站在开始锥桶位置的运动员带球。

过程

开始的运动员使用右脚将球传到将球踢回的运动员的左脚。将球踢回的运动员让球反弹到一侧。这样，开始的运动员在完成冲刺短跑后就能够在锥桶后面不转身直接用右脚接球射门（香蕉球）。

可以进行两次这样的训练，因此在第二次训练时可以使用左脚从另一侧完成练习。

器材 1个标准球门和2个锥桶。

技巧

- 香蕉球：使用脚内侧/足尖踢球并让球弧线旋转。在做这个射门动作时，运动员的上身必须移动到稍微倾向一侧的位置。最常见的是身体稍微做出弓形姿势。
- 在射门后，下一名运动员立刻开始训练。
- 运动员的助跑距离差不多接近于将球踢回的运动员的位置。
- 目的是学习使用移动球成功射门的方法。

场地大小　35码×25码。

锥桶的间距

球门与将球踢回的运动员站立的锥桶位置的间距：8～18码。

开始锥桶与将球踢回的运动员站立的锥桶的间距：5～15码。

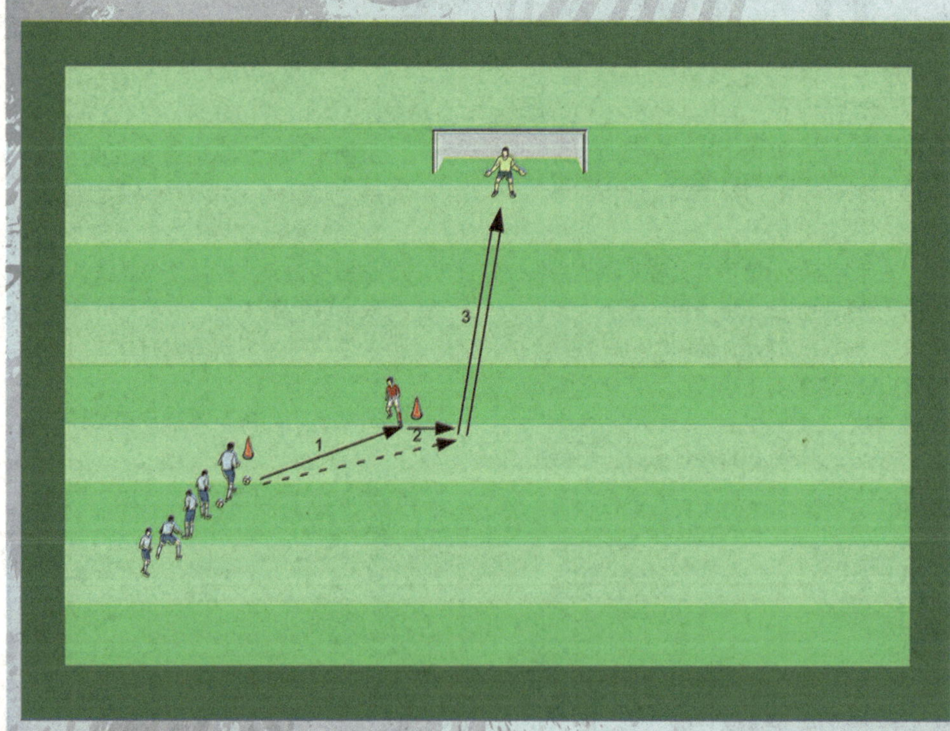

14 二过一后第三名运动员射门

训练项目

- 球处理技术
- 边锋战术/中位（横传）

训练重点

- 接球和带球跑动
- 射门

训练要素

特定目标：	推传球、力量、带球的动作速度、速度预判、脚背外侧、接球、带球跑动、二过一、运球、快速制订决策、脚内侧、推传球（内侧）、跑动中组合球处理技术、脚背、香蕉球
年龄层次：	9岁以上
运动水平：	高级
训练形式：	分组
训练架构：	主要/重点方面
目标：	提高个人能力
参训运动员总数量：	6名或6名以上
可参加的运动员：	整支球队
训练场所：	任意
空间要求：	指定比赛场地
时长：	10～15分钟
生理机能：	足球特定耐力、力量
守门员数量：	1名

组织方式

设置1个球门、2个运动员列队站立的开始锥桶以及1个将球踢回的运动员站立的锥桶。站在开始锥桶位置的球队的运动员A带球。

过程

运动员A将球传给将球踢回的运动员。后者以低球方式（稍后是中高球或高球）将球传到A的跑动路线上。然后A将球直接传到运动员B的跑动路线上。接着B控球并射门。

接下来，A成为将球踢回的运动员。将球踢回的运动员在运动员B出发的队尾站立，而球队B的运动员在运动员A出发的队尾站立。

器材 1个标准球门和2个锥桶。

技巧

- 开始的运动员A开始做晃动动作时，将球踢回的运动员可以做出轻微的反向移动，接着小步跑向球。
- 在运动员A将球传到运动员B的跑动路线前，B在A做出晃动动作时开始跑动。
- 接球和带球跑动必须是一个流畅的动作。在接球和运球时必须避免球反弹得太远或直接偏离跑动路线太远。
- 在合适的位置（按照教练的要求）练习不同的射门技术（脚内侧踢球法、脚背踢球或香蕉球）。

- 射门时必须注意自身的姿势：上身倾向球；支撑腿与球相距12 ~ 16英寸，脚对着射门的方向，手臂跟着晃动；最靠近射门腿的手臂必须模仿腿部的晃动动作（使用右腿射门时，右臂向后晃动以积蓄动力，左臂向前晃动），射门时眼睛必须注视着球。

场地大小 35码×25码。

锥桶的间距

球门与将球踢回的运动员站立的锥桶的间距：8 ~ 15码。

将球踢回的运动员站立的锥桶位置与开始锥桶的间距：5 ~ 8码。

开始锥桶的间距：2 ~ 3码。

15 背对传球的运动员直接凌空抽射

训练项目

- 球处理技术

训练重点

- 接球和带球跑动
- 射门

训练要素

特定目的：	推传球、力量、带球的动作速度、速度预判、脚背外侧、带球跑动、直接传球、运球、快速制订决策、行动速度、脚内侧、反应速度、凌空抽射、脚背、感知速度
年龄层次：	6岁以上
运动水平：	任意
训练形式：	分组
训练架构：	主要/重点方面
目的：	提高个人能力
参训运动员总数量：	4名或4名以上
可参加的运动员：	整支球队
训练场所：	任意
空间要求：	指定比赛场地
时长：	10～15分钟
生理机能：	足球特定耐力、力量
守门员数量：	1名

组织方式

如图所示，设置1个球门和2个开始锥桶。1名运动员站在中间锥桶的位置，其他的运动员列队站在后面锥桶的位置。

过程

运动员A从站立位置以短暂助跑的方式向运动员B踢出高球。B跑向球并直接以抽射或抛踢球方式射门。接着A立刻跑向运动员B的开始位置，而运动员B在捡回球后跑向运动员A出发的队尾的位置。

器材 1个标准球门和2个锥桶。

技巧

- 在踢高球时，脚必须在球的下面，同时用脚背将球托起。
- 要求使用能力较弱的脚（总是交替使用左右脚）射门。
- 为了避免拖延时间，在1名运动员完成射门后，下一名运动员必须立刻开始训练。
- 在凌空抽射时，上身要稍微朝前弯曲。触球点要低（不要太高）。这样踢球的力度会更大且准确性更高。
- 在抛踢球时，在球触地的瞬间必须使用脚背踢球。

场地大小 35码×25码。

锥桶的间距

球门与中间锥桶的间距：11～20码。

球门与开始锥桶的间距：16～25码。

中间锥桶与开始锥桶的间距：5码。

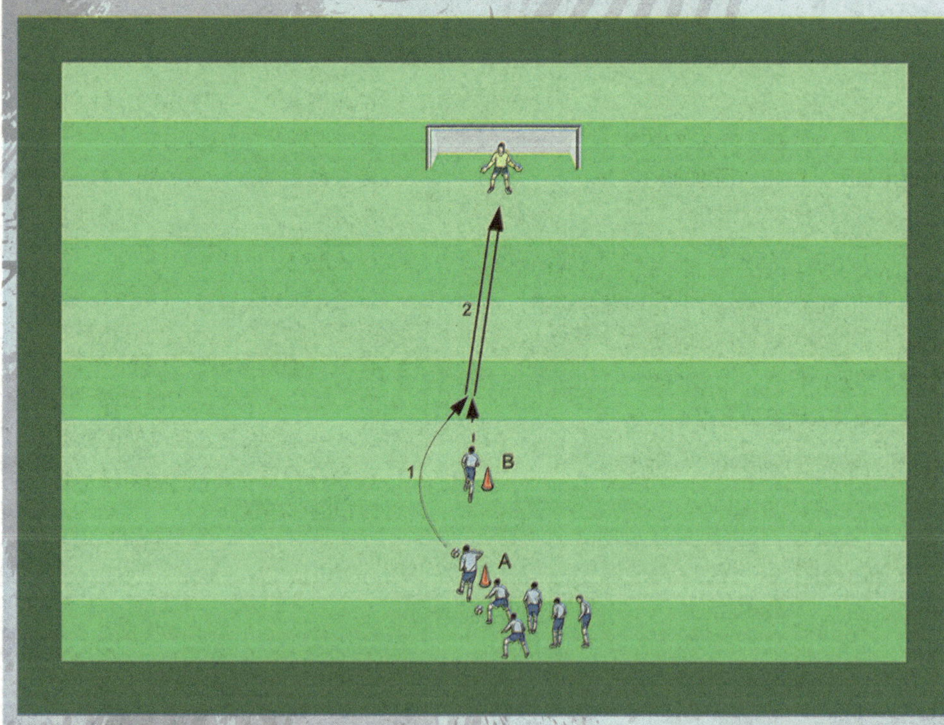

16 二过一后射门

训练项目
- 球处理技术

训练重点
- 射门

训练要素

特定目的：	推传球、力量、带球的动作速度、速度预判、脚背外侧二过一、快速制订决策、推传球（内侧）、脚内侧踢球、跑动中组合球处理技术、反应速度、脚背、香蕉球
年龄层次：	6岁以上
运动水平：	任意
训练形式：	分组
训练架构：	主要/重点方面
目的：	提高个人能力
参训运动员总数量：	4名或4名以上
可参加的运动员：	整支球队
训练场所：	任意
空间要求：	指定比赛场地
时长：	10～15分钟
生理机能：	足球特定耐力、力量
守门员数量：	1名

组织方式

如图所示，设置1个球门、1个开始锥桶和1个将球踢回的运动员站立的锥桶。1名运动员站在将球踢回的锥桶位置，其余的运动员带球站在开始锥桶的位置。

过程

开始的运动员与将球踢回的运动员一起完成二过一传球，并利用传回的球进行凌空抽射。

选择方式

射门比赛。计算进球数量；将球踢回的运动员可以利用被守门员扑出的球射门。

器材 1个标准球门和2个锥桶。

技巧

- 可以使用能力较强的脚向将球踢回的运动员传球。
- 开始的运动员A开始做晃动动作时，将球踢回的运动员可以做出轻微的反向移动，接着小步跑向球。
- 射门时必须注意自身的姿势：上身倾向球；支撑腿与球相距12 ～ 16英寸，脚对着射门的方向，手臂跟着摆动；最靠近射门腿的手臂必须模仿腿部的摆动动作（使用右腿射门时，右臂向后摆动以积蓄动力，左臂向前摆动），射门时眼睛必须注视着球。

- 在合适的位置（按照教练的要求）练习不同的射门技术（脚内侧踢球法、脚背踢球或香蕉球）。

场地大小 35码×25码。

锥桶的间距

球门与锥桶B的间距：9～16码。

球门与锥桶A的间距：16～25码。

锥桶B与锥桶A的间距：5～7码。

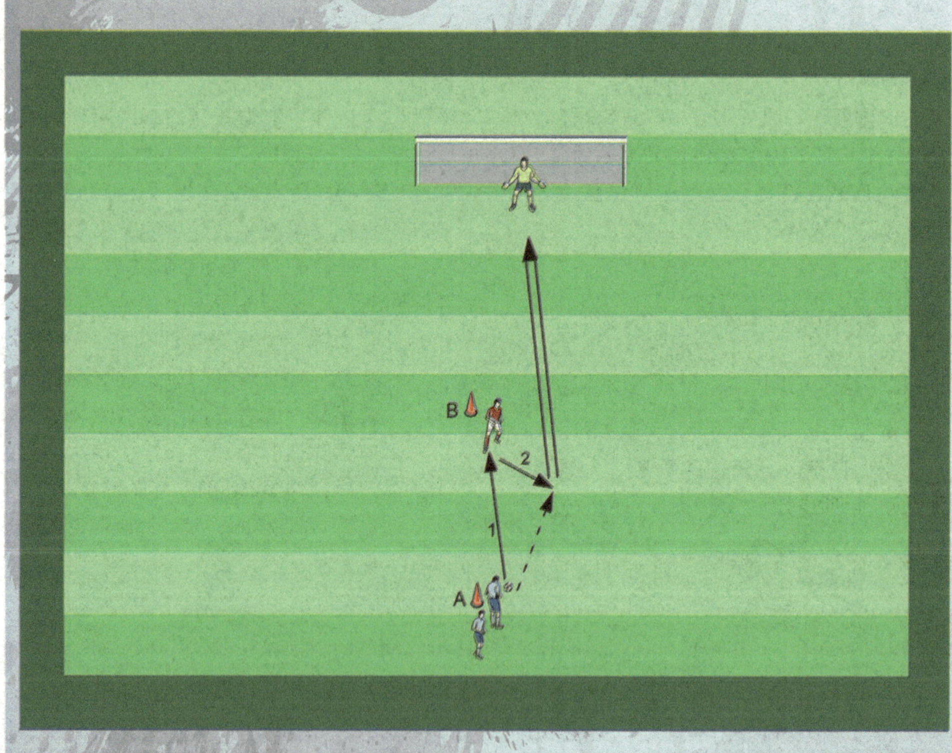

17 在双腿之间传球并背对球门射门

训练项目

- 球处理技术

训练重点

- 射门

训练要素

特定目的:	推传球、力量、带球的动作速度、速度预判、脚背外侧、直接传球、快速制订决策、动作速度、脚内侧、推传球（内侧）、脚内侧踢球法、跑动中组合球处理技术、反应速度、脚背、感知速度
年龄层次:	6岁以上
运动水平:	任意
训练形式:	分组
训练架构:	主要/重点方面
目的:	提高个人能力
参训运动员总数量:	4名或4名以上
可参加的运动员:	整支球队
训练场所:	任意
空间要求:	指定比赛场地
时长:	10～15分钟
生理机能:	足球特定耐力、力量
守门员数量:	1名

组织方式

如图所示，设置1个球门、1个中间位置锥桶和1个开始位置锥桶。1名运动员站在中间位置锥桶的位置，其他的运动员带球站在开始位置锥桶的位置。

过程

运动员A将球从运动员B的两腿之间穿过传球给背对着球门的B。B突然转身并尽可能快地冲向球，然后控球射门。

随后运动员A站到运动员B的中间锥桶位置，而运动员B列队站在开始锥桶的位置。

器材 1个标准球门和2个锥桶。

技巧

- 射门时必须注意自身的姿势：上身倾向球；支撑腿与球相距12～16英寸，脚对着射门的方向，手臂跟着摆动；最靠近射门腿的手臂必须模仿腿部的摆动动作（使用右腿射门时，右臂向后摆动以积蓄动力，左臂向前摆动），射门时眼睛必须注视着球。
- 运动员B在球从他的两腿之间滚过时立刻开始跑动。
- 在合适的位置（按照教练的要求）练习不同的射门技术（脚内侧踢球法、脚背踢球或香蕉球）。

- 传球运动员和射门运动员必须准确计算传球时机。
- 如果运动员的年龄在16岁以上，那么他可以在18码线的前方漂亮地接球和射门。

场地大小 50码×30码。

锥桶的间距

球门与锥桶B的间距：15 ~ 20码。

锥桶B与锥桶A的间距：4 ~ 10码。

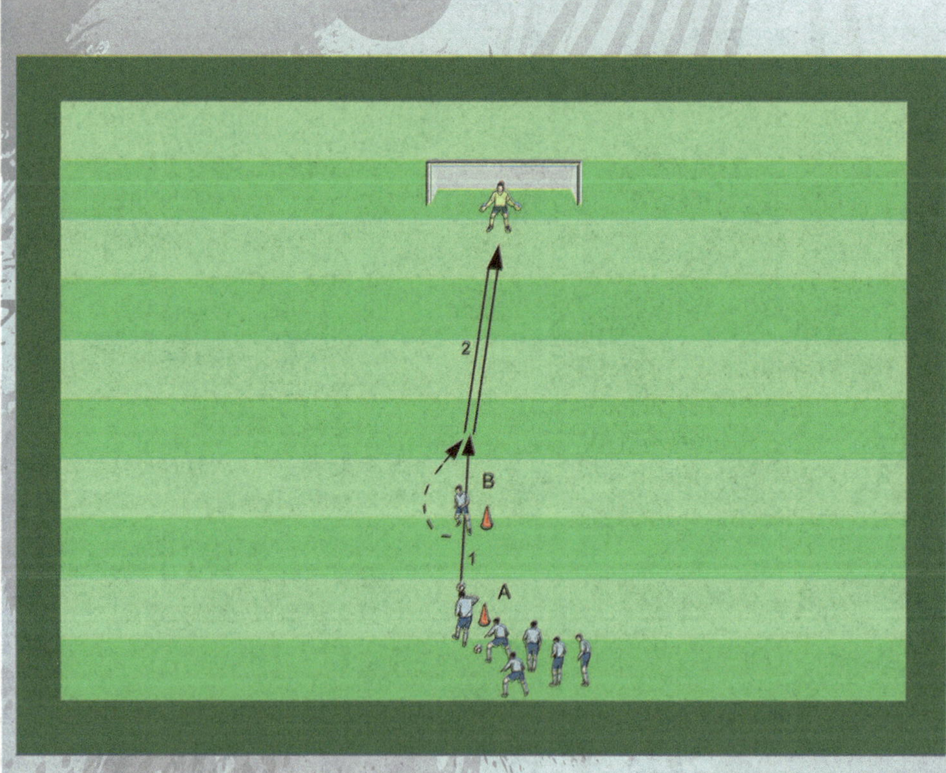

18 短暂运球后射门

训练项目

- 球处理技术

训练重点

- 射门

训练要素

特定目的：	推传球、力量、带球的动作速度、速度预判、脚背外侧、带球跑动、运球、快速制订决策、动作速度、脚内侧、推传球（内侧）、跑动中组合球处理技术、反应速度、脚背、感知速度
年龄层次：	6岁以上
运动水平：	任意
训练形式：	分组
训练架构：	主要/重点方面
目的：	提高个人能力
参训运动员总数量：	4名或4名以上
可参加的运动员：	整支球队
训练场所：	任意
空间要求：	指定比赛场地
时长：	10～15分钟
生理机能：	足球特定耐力、力量
守门员数量：	1名

组织方式

设置1个球门、1个定向锥桶和1个开始锥桶。运动员带球在开始锥桶位置列队站立。

过程

运动员朝球门方向运球，当运球到达与定向锥桶平行的位置时，他可以射门。在他到达定向锥桶的位置时，下一名运动员开始运球。

器材 1个标准球门和2个锥桶。

技巧

- 确保使用左右脚练习射门。只在一个锥桶位置使用左脚射门，同时在另一个锥桶位置使用右脚射门。
- 射门时必须注意自身的姿势：上身倾向球；支撑腿与球相距12～16英寸，脚对着射门的方向，手臂跟着摆动；最靠近射门腿的手臂必须模仿腿部的摆动动作（使用右腿射门时，右臂向后摆动以积蓄动力，左臂向前摆动），射门时眼睛必须注视着球。
- 在合适的位置（按照教练的要求）练习不同的射门技术（脚内侧踢球法、脚背踢球或香蕉球）。

- 在运球时必须坚持以下准则。
  ▲不要一直注视着球。
  ▲保持速度。
  ▲尽可能多地触球。
  ▲靠近球（与球的距离不可超过20英寸）。

场地大小 35码×25码。

锥桶的间距

球门与定向锥桶的间距：10～18码。

定向锥桶与开始锥桶的间距：5～7码。

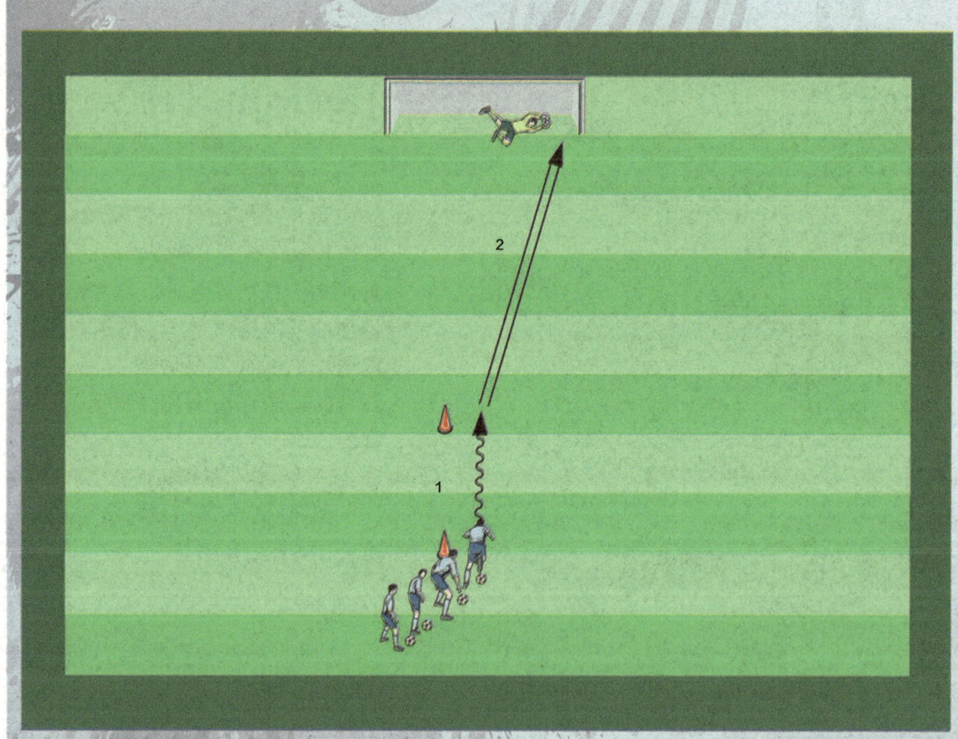

19 以自创机会球方式射门

训练项目

- 球处理技术

训练重点

- 射门

训练要素

特定目的：	推传球、力量、带球的动作速度、速度预判、脚背外侧、快速制订决策、动作速度、推传球（内侧）、脚内侧踢球、跑动中组合球处理技术、短传、反应速度、脚背、感知速度、香蕉球
年龄层次：	6岁以上
运动水平：	任意
训练形式：	分组
训练架构：	主要/重点方面
目的：	提高个人能力
参训运动员总数量：	4名或4名以上
可参加的运动员：	整支球队
训练场所：	任意
空间要求：	指定比赛场地
时长：	10~15分钟
生理机能：	足球特定耐力、力量
守门员数量：	1名

组织方式

如图所示，设置1个球门、1个开始锥桶和1个定向锥桶。运动员列队站在开始锥桶位置。在可能的情况下，每名运动员都带1个球。

过程

运动员自己练习射门。在射门练习中，他们必须在定向锥桶前面且不与定向锥桶平行的位置射门。

器材 1个标准球门和2个锥桶。

技巧

- 射门时正确的速度是至关重要的。必须计算射门的时机，这样运动员才能够及时地快速跑向球。
- 射门时必须注意自身的姿势：上身倾向球；支撑腿与球相距12 ~ 16英寸，脚对着射门的方向，手臂跟着摆动；最靠近射门腿的手臂必须模仿腿部的摆动动作（使用右腿射门时，右臂向后摆动以积蓄动力，左臂向前摆动），射门时眼睛必须注视着球。

- 在合适的位置（按照教练的要求）练习不同的射门技术（脚内侧踢球法、脚背踢球或香蕉球）。

场地大小 35码×25码。

锥桶的间距

球门与锥桶B的间距：10 ~ 18码。

锥桶B与锥桶A的间距：5 ~ 7码。

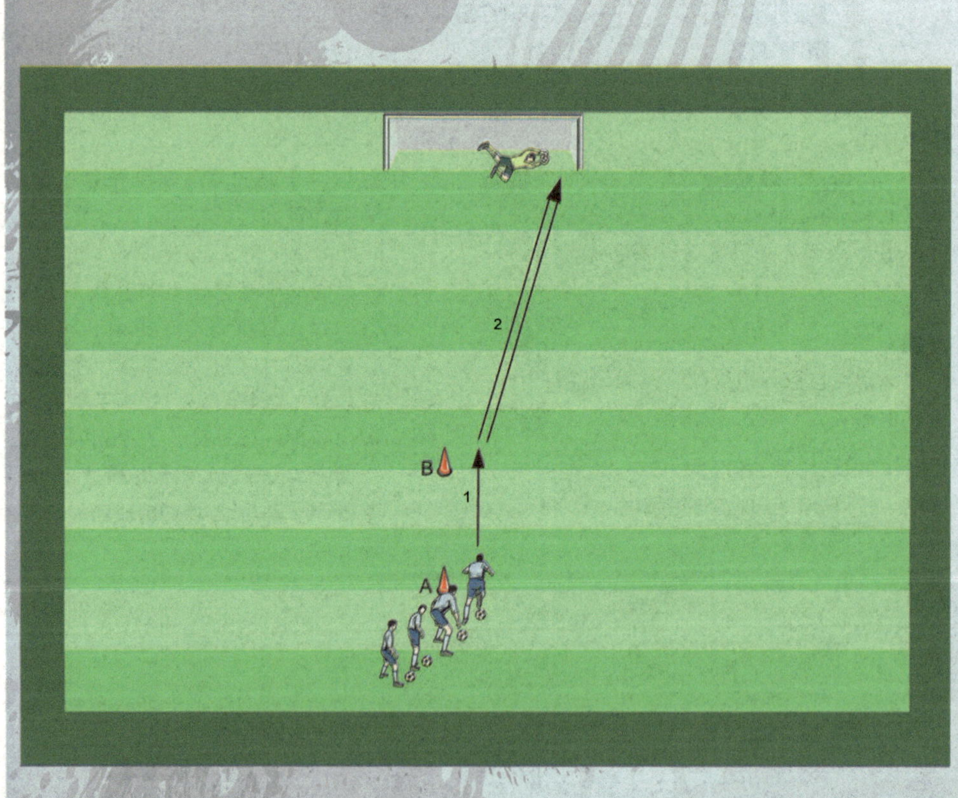

20 凌空抽射

训练项目

- 球处理技术
- 边锋战术/中位（横传）

训练重点

- 托球
- 射门

训练要素

特定目的：	推传球、力量、带球的动作速度、速度预判、快速制订决策、动作速度、跑动中组合球处理技术、短传、反应速度、凌空抽射、脚背、感知速度
年龄层次：	6岁以上
运动水平：	初学者、高级
训练形式：	分组
训练架构：	主要/重点方面
目的：	提高个人能力
参训运动员总数量：	2名或2名以上
可参加的运动员：	整支球队
训练场所：	任意
空间要求：	指定比赛场地
时长：	10～15分钟
生理机能：	足球特定耐力、力量
守门员数量：	1名

组织方式

设置1个球门和1个开始锥桶。运动员带球列队站在开始锥桶的位置。

过程

运动员自己踢出高球，接着以凌空抽射方式射门。

器材 1个标准球门和1个锥桶。

技巧

- 在踢高球时，脚必须在球的下面，同时用脚背将球托起。
- 在凌空抽射时，上身要稍微朝前弯曲。触球点要低（不要太高），这样踢球的力度会更大且准确性更高。

场地大小 35码 × 20码。

锥桶的间距

球门与开始锥桶的间距：12 ~ 20码。

21 背对球门接球和控球

训练项目

- 球处理技术
- 边锋战术/中位（横传）

训练重点

- 托球
- 射门

训练要素

特定目的：	推传球、力量、带球的动作速度、速度预判、脚背外侧、带球跑动、抛踢球、动作速度、跑动中组合球处理技术、短传、反应速度、凌空抽射、脚背、感知速度
年龄层次：	6岁以上
运动水平：	任意
训练形式：	分组
训练架构：	主要/重点方面
目的：	提高个人能力
参训运动员总数量：	3名或3名以上
可参加的运动员：	整支球队
训练场所：	任意
空间要求：	指定比赛场地
时长：	10～15分钟
生理机能：	足球特定耐力、力量
守门员数量：	1名

组织方式

如图所示，设置1个球门和2个开始锥桶（Ⅰ+Ⅱ）。1名运动员背对着球门站在开始锥桶Ⅱ的位置，其余的运动员带球站在开始锥桶Ⅰ的位置。

过程

运动员A向运动员B踢出高球。运动员B在转向球门时在空中接住球，接着在第二次触球时射门。在完成传球后，运动员A站到运动员B的位置上。

器材 1个标准球门和2个锥桶。

技巧

- 必须交替使用左右脚练习射门。
- 接球和带球跑动必须是一个流畅的动作。在接球和运球时必须避免球反弹得太远或直接偏离跑动路线太远。
- 胸部停球时，上身必须在接触球时转向球门，这样就可以在下一次触球时定向射门。
- 凌空抽射时，上身要稍微朝前弯曲。触球点要低（不要太高），这样踢球的力度会更大且准确性更高。

- 在进行抛踢球时，要在球触到地面时使用脚背接球。

场地大小 35码×25码。

锥桶的间距

球门与锥桶I的间距：10～18码。

锥桶I与锥桶II的间距：4～7码。

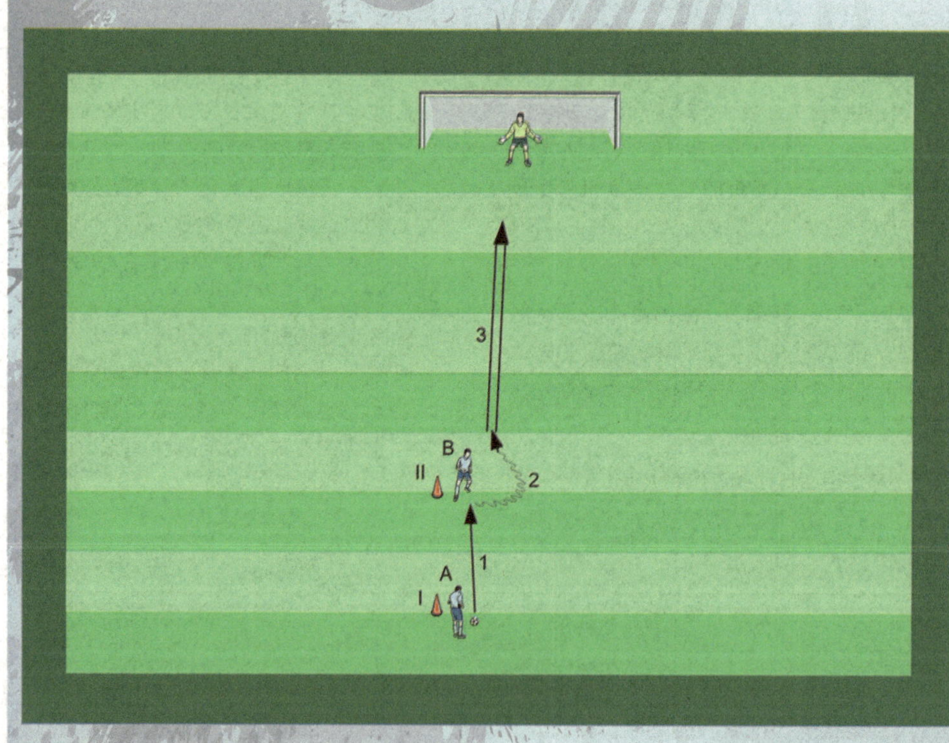

22 快速冲刺后传球射门

训练项目

- 球处理技术

训练重点

- 射门

训练要素

特定目的：	推传球、力量、速度预判、脚背外侧、直接传球、快速制订决策、动作速度、脚内侧、推传球（内侧）、脚内侧踢球、跑动中组合球处理技术、反应速度、脚背、感知速度、香蕉球
年龄层次：	6岁以上
运动水平：	任意
训练形式：	分组
训练架构：	主要/重点方面
目的：	提高个人能力
参训运动员总数量：	4名或4名以上
可参加的运动员：	整支球队
训练场所：	任意
空间要求：	指定比赛场地
时长：	10~15分钟
生理机能：	足球特定耐力、力量、速度耐力
守门员数量：	1名

组织方式

如图所示，设置1个球门、2个开始锥桶和2个定向锥桶（I+II）。运动员带球均匀地站在球门左右的2个开始锥桶的位置。

过程

运动员A朝定向锥桶II传球。当他开始晃动时，运动员B快速跑向锥桶II，以便在球传到锥桶前接住球。运动员B必须绕着锥桶跑动，同时在跑动中射门。

接下来，运动员B出发位置锥桶的下一名运动员朝定向锥桶I传球，而运动员A出发位置锥桶的下一名运动员在球传到锥桶I前尝试射门。在每次射门后替换传球的球员。

器材

1个标准球门和4个锥桶。

技巧

- 必须交替使用左右脚练习射门。
- 射门时必须注意自身的姿势：上身倾向球；支撑腿与球相距12～16英寸，脚对着射门的方向，手臂跟着摆动；最靠近射门腿的手臂必须模仿腿部的摆动动作（使用右腿射门时，右臂向后摆动，左臂向前摆动），射门时眼睛必须注视着球。

- 在合适的位置（按照教练的要求）练习不同的射门技术（脚内侧踢球法、脚背踢球或香蕉球）。
- 为了避免拖延和长久的等待，在射门后要立刻开始下一轮的传球训练。
- 传球的运动员必须培养良好的时机感，以便控制传球速度，这样接球的运动员才能在球到达定向锥桶前控球。接球的运动员也必须培养良好的时机感。运动员必须调整起动的时间、跑动的速度和球速，才能在球传到锥桶前接住球。

场地大小 35码×25码。

锥桶的间距

左球门柱与左侧开始锥桶的间距：10码。

右球门柱与右侧开始锥桶的间距：10码。

左侧开始锥桶与定向锥桶Ⅰ的间距：16码。

右侧开始锥桶与定向锥桶Ⅱ的间距：16码。

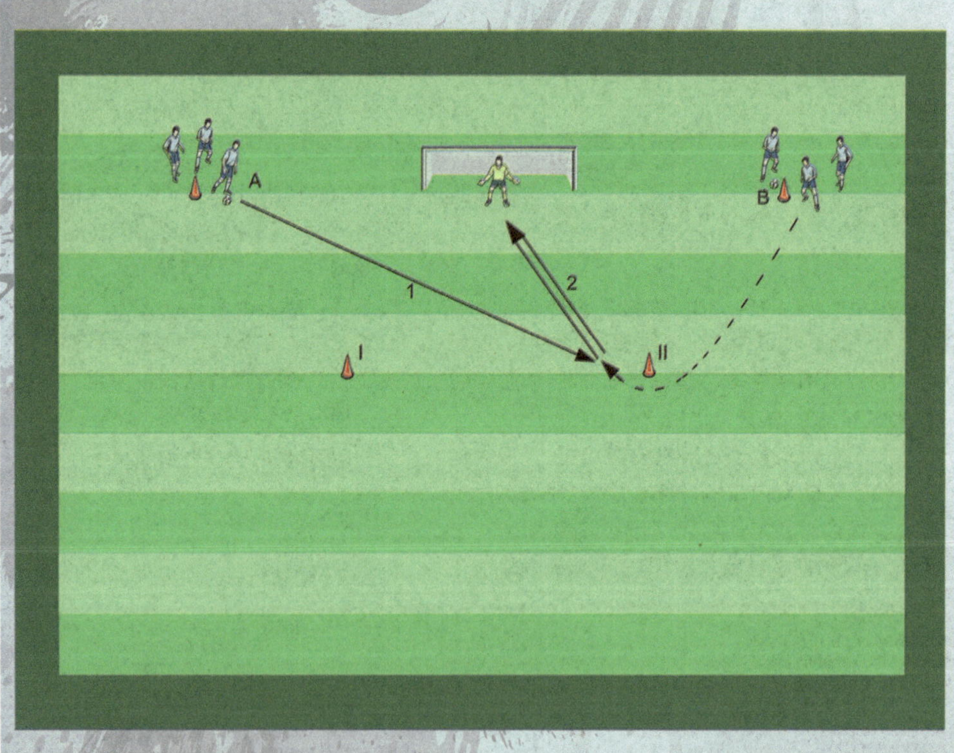

23 横传后射门

训练项目

- 球处理技术

训练重点

- 射门

训练要素

特定目的:	推传球、力量、带球的动作速度、攻击型打法、速度预判、带球跑动、直接传球打法、快速制订决策、动作速度、脚内侧、推传球（内侧）、脚内侧踢球法、跑动中组合球处理技术、反应速度、脚背、感知速度
年龄层次:	9岁以上
运动水平:	高级
训练形式:	分组
训练架构:	主要/重点方面
目的:	攻击型打法、提高个人能力
参训运动员总数量:	4名或4名以上
可参加的运动员:	整支球队
训练场所:	任意
空间要求:	指定比赛场地
时长:	10~15分钟
生理机能:	足球特定耐力、力量
守门员数量:	1名

组织方式

如图所示，设置1个球门、1个定向锥桶和2个开始锥桶。运动员带球均匀地站在2个开始锥桶的位置，带球的运动员站在右侧开始锥桶的位置。

过程

在右侧开始锥桶的穿红色运动服的运动员A朝定向锥桶踢出一个低传球。在他开始晃动时，在左侧开始锥桶的穿蓝色运动服的运动员开始快速跑向定向锥桶，并在球传过锥桶前接近球并控球。这样，运动员B必须绕过锥桶跑动，同时在转身时接球射门。

随后，运动员交换位置，这样他们就可以交替地练习传球和接球。

器材 1个标准球门和3个锥桶。

技巧

- 必须交替使用左右脚练习射门。
- 射门时必须注意自身的姿势：上身倾向球；支撑腿与球相距12 ~ 16英寸，脚对着射门的方向，手臂跟着摆动；最靠近射门腿的手臂必须模仿腿部的摆动动作（使用右腿射门时，右臂向后摆动，左臂向前摆动），射门时眼睛必须注视着球。

- 在合适的位置（按照教练的要求）练习不同的射门技术（脚内侧踢球法、脚背踢球或香蕉球）。
- 为了避免拖延和长时间的等待，在射门后要立刻开始下一轮的传球训练。
- 传球的运动员必须培养良好的时机感，以便控制传球速度，这样，接球的运动员才能够在球到达定向锥桶前控球。接球的运动员也必须培养良好的时机感。运动员必须调整起动时间、跑动速度和球速，才能在球传到锥桶前接住球。
- 必须以接球运动员在球接近锥桶时才能控球的方式传球。
- 接球和带球跑动必须是一个流畅的动作。在接球和运球时必须避免球反弹得太远或直接偏离跑动路线太远。
- 必须严格使用一次触球的方式接球和传球，接着在第二次触球时射门。

场地大小 30码×25码。

锥桶的间距

球门与定向锥桶的间距：10～20码。

定向锥桶与左右两侧开始锥桶的间距：10码。

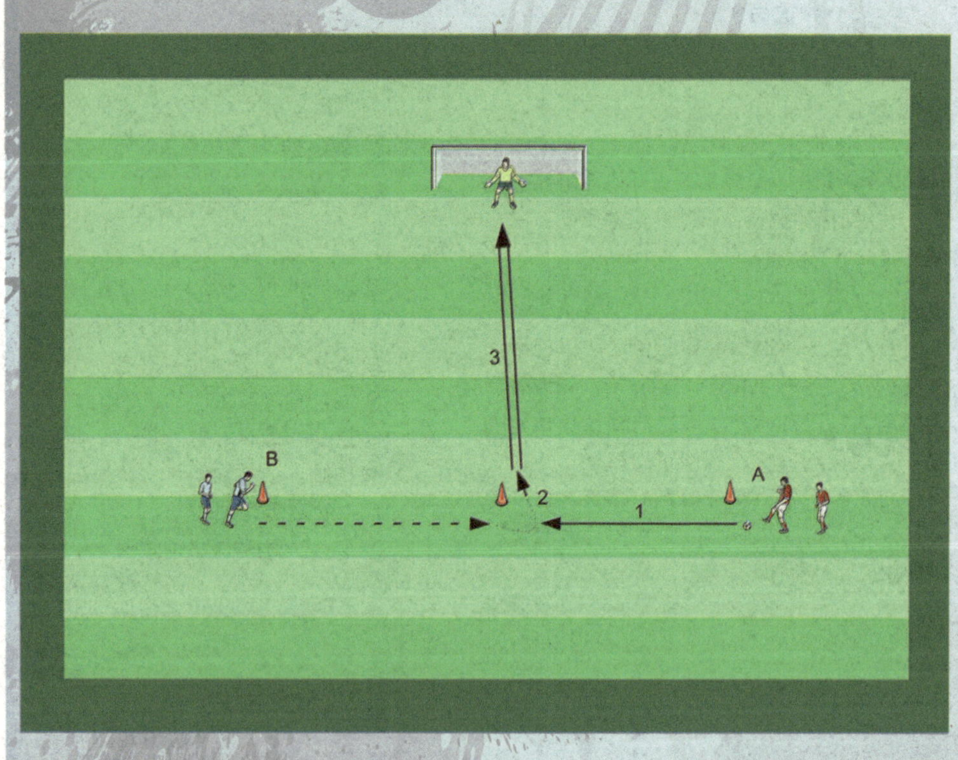

24 背对球门控球并二过一传球

训练项目

- 球处理技术

训练重点

- 接球和带球跑动
- 射门

训练要素

特定目的：	推传球、力量、带球的动作速度、速度预判、脚背外侧、带球跑动、二过一、快速制订决策、动作速度、脚内侧、推传球（内侧）、脚内侧踢球法、跑动中组合球处理技术、长传、反应速度、脚背、感知速度、香蕉球
年龄层次：	13岁以上
运动水平：	高级、专业级别
训练形式：	分组
训练架构：	主要/重点方面
目的：	提高个人能力
参训运动员总数量：	6名或6名以上
可参加的运动员：	整支球队
训练场所：	任意
空间要求：	指定比赛场地
时长：	10～15分钟
生理机能：	足球特定耐力、力量
守门员数量：	1名

组织方式

如图所示，设置1个球门、1个开始锥桶和1个锥桶摆成的矩形区域。1名运动员站在矩形区域里面，1名运动员（将球踢回来的运动员）斜对着站在锥桶后面，而另1名运动员带球站在开始锥桶的位置。

过程

穿蓝色运动服的开始运动员向背对着球门且站在矩形区域的运动员踢出高飞球。在控球后，他与矩形区域斜后方将球踢回的运动员一起完成二过一传球，接着射门。

随后，穿蓝色运动服的运动员走进锥桶矩形区域，而原先在矩形区域的运动员成为将球踢回的运动员，将球踢回的运动员在捡球后列队站在开始锥桶位置。

器材

1个标准球门和5个锥桶。

技巧

- 必须交替使用左右脚练习射门。
- 射门时必须注意自身的姿势：上身倾向球；支撑腿与球相距12～16英寸，脚对着射门的方向，手臂跟着摆动；最靠近射门腿的手臂必须模仿腿部的摆动动作（使用右腿射门时，右臂向后摆动，左臂向前摆动），射门时眼睛必须注视着球。

- 接球和带球跑动必须是一个流畅的动作。在接球和运球时必须避免球反弹得太远或直接偏离跑动路线太远。
- 在移动球前，可采用朝一侧或后面传球运动员跑动的开始动作。
- 在合适的位置（按照教练的要求）练习不同的射门技术（脚内侧踢球法、脚背踢球或香蕉球）。
- 胸部停球时，上身必须在接触球时转向球门，这样就可以在下一次触球时定向射门。
- 球离开传球运动员的脚时，传球的运动员可以立刻跑到矩形里面等待下一次传球。

场地大小 50码×40码。

锥桶的间距

球门与矩形区域的间距：15～20码。

矩形区域与开始锥桶的间距：15～20码。

矩形中的锥桶之间的间距：5码。

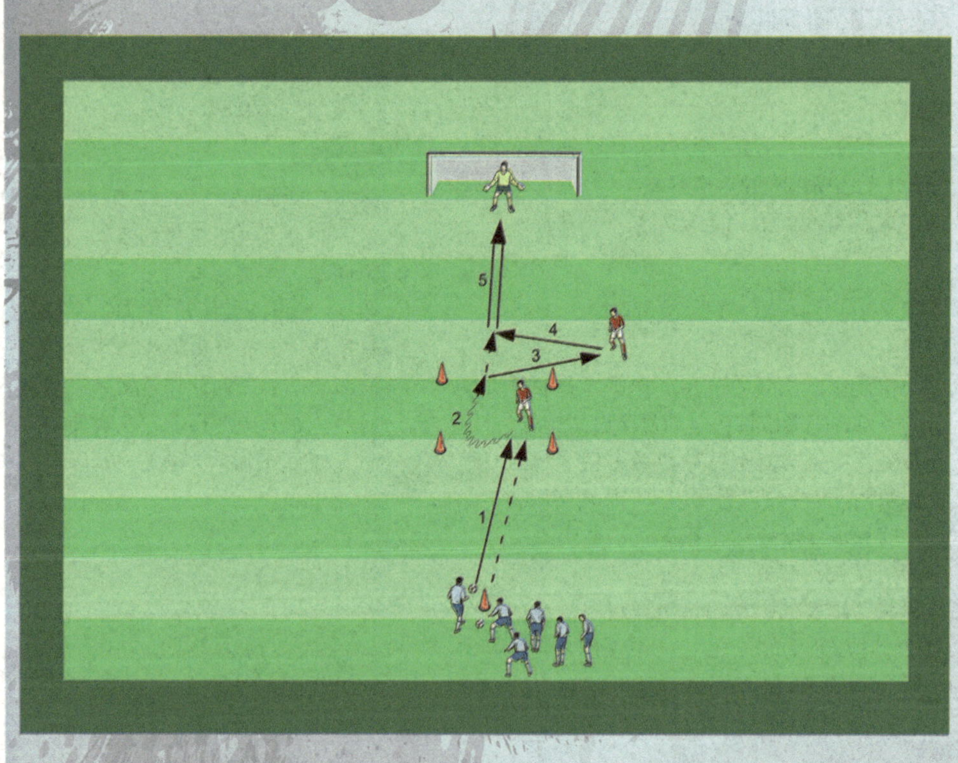

25 目标射门

训练项目

- 球处理技术

训练重点

- 射门

训练要素

特定目标：	脚背外侧、脚内侧、脚内侧踢球法、跑动中组合球处理技术、脚背、香蕉球
年龄层次：	13岁以上
运动水平：	高级
训练形式：	分组
训练架构：	热身、主要/重点方面、冲刺
目标：	提高个人能力
参训运动员总数量：	2名或2名以上
可参加的运动员：	整支球队
训练场所：	任意
空间要求：	指定比赛场地
时长：	10~15分钟

组织方式

如图所示，在标准球门里面设置1个较小的球门。2个锥桶放置在同一水平位置，运动员列队站在2个锥桶之间。每名运动员带1个球。

过程

如图所示，采用不同的颜色标识标准球门里面的小球门。运动员现在按照教练的指示轮流向球门区射门。

选择方式：

每次射门成功可以得1分。得分最多的运动员获胜。

器材 1个标准球门、2个锥桶和1个小型球门。

技巧

- 射门时必须注意自身的姿势：上身倾向球；支撑腿与球相距12 ~ 16英寸，脚对着射门的方向，手臂跟着摆动；最靠近射门腿的手臂必须模仿腿部的摆动动作（使用右腿射门时，右臂向后摆动，左臂向前摆动），射门时眼睛必须注视着球。

- 必须经常交替使用左右脚练习射门。
- 在合适的位置（按照教练的要求）练习不同的射门技术（脚内侧踢球法、脚背踢球或香蕉球）。

场地大小 35码×25码。

锥桶的间距

球门与两锥桶连线的间距：10～15码。

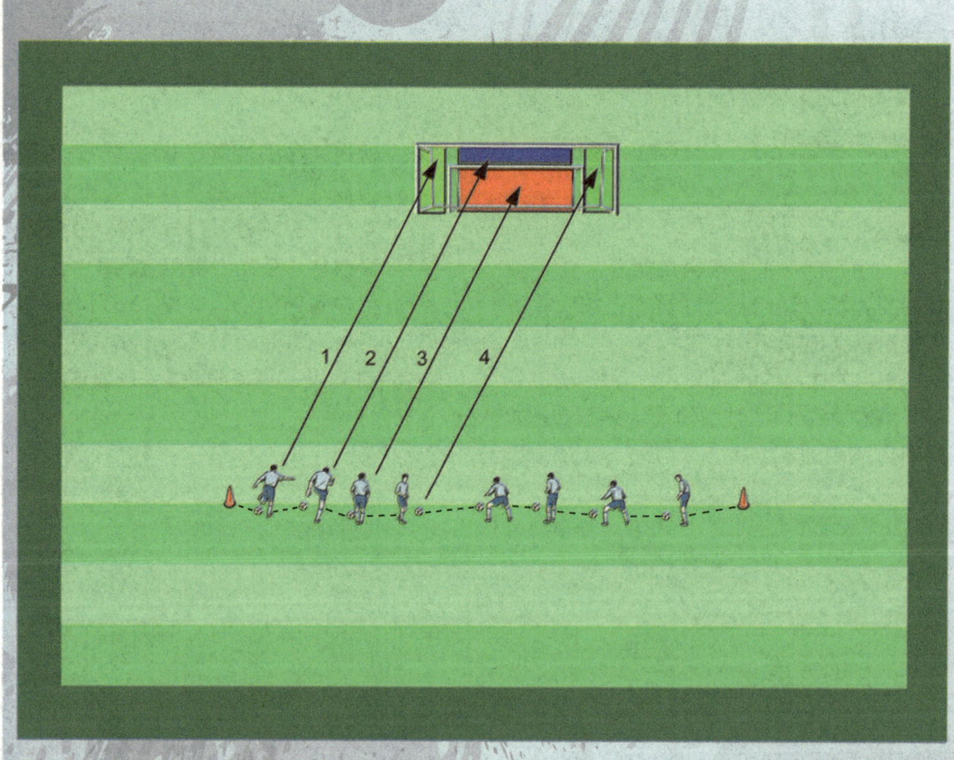

26 使用多个球门进行射门比赛

训练项目

- 球处理技术

训练重点

- 射门

训练要素

特定目标：	推传球、力量、带球的动作速度、速度预判、脚背外侧二过一、快速制订决策、动作速度、脚内侧、脚内侧踢球法、跑动中组合球处理技术、反应速度、脚背
年龄层次：	9岁以上
运动水平：	任意
训练形式：	分组
训练架构：	热身
目标：	趣味训练、提高个人能力
参训运动员总数量：	7名或7名以上
可参加的运动员：	整支球队
训练场所：	任意
空间要求：	指定比赛场地
时长：	10～30分钟
生理技能：	足球特定耐力、力量
守门员数量：	3名

组织方式

设置3个并排的球门、2个开始锥桶（A+B）和1个将球踢回者所在的锥桶位置。1名运动员（或者教练）站在将球踢回者所在的锥桶位置，其他的运动员均匀地分散在2个开始锥桶之后。每名运动员带1个球。

过程

在3个球门进行射门比赛

2支球队其中1支的开始运动员与将球踢回的运动员以二过一方式开始练习传球，接着向3个球门的其中1个射门。运动员完成射门时，来自另一支球队的运动员开始传球。

运动员在锥桶A出发后采用左脚射门，而在锥桶B出发后采用右脚射门。运动员在每次射门后交换位置。如果教练没有要求在球踢回者所在的锥桶位置进行练习，那么要经常更换将球踢回的运动员。

选择方式

如果运动员连续3次射门成功，那么守门员必须完成5个俯卧撑。如果守门员连续3次成功扑救，那么场上运动员必须完成5个俯卧撑。

器材 3个标准球门和3个锥桶。

技巧

- 射门时必须注意自身的姿势：上身倾向球；支撑腿与球相距12 ~ 16英寸，脚对着射门的方向，手臂跟着摆动；最靠近射门腿的手臂必须模仿腿部的摆动动作（使用右腿射门时，右臂向后摆动，左臂向前摆动），射门时眼睛必须注视着球。
- 必须经常使用左右脚交替练习射门。
- 在合适的位置（按照教练的要求）练习不同的射门技术（脚内侧踢球法、脚背踢球或香蕉球）。
- 在运动员完成射门后，下一名运动员必须立刻开始练习。

场地大小 30码×25码。

锥桶的间距

球门线与将球踢回者所在的锥桶位置相距：9 ~ 15码。

球门线与开始锥桶的间距：15 ~ 20码。

将球踢回者所在的锥桶位置与开始锥桶的间距：5码。

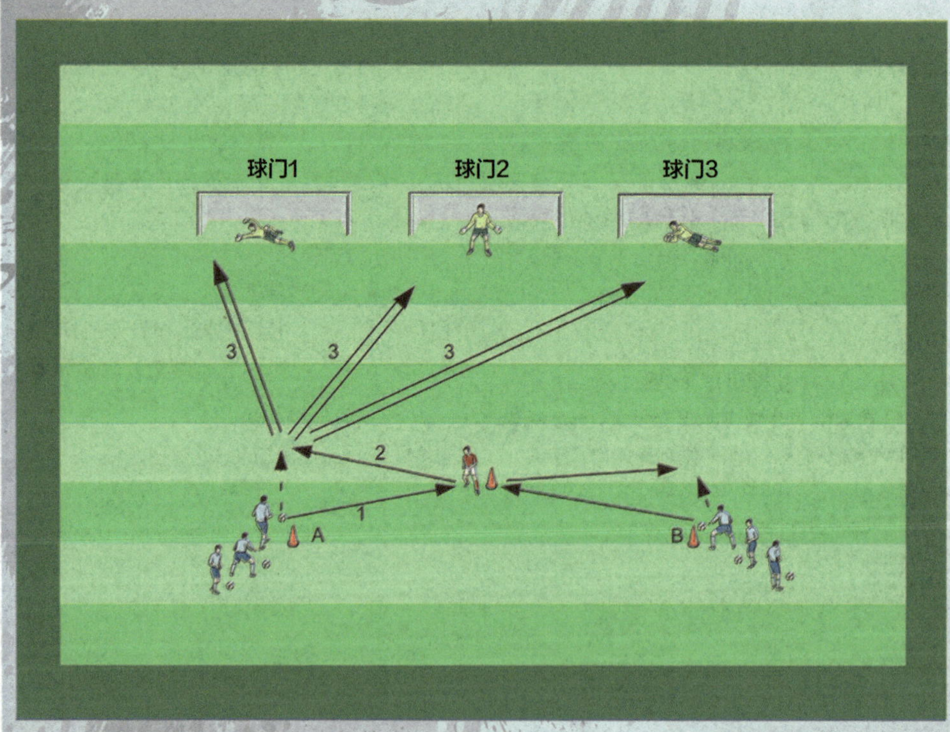

27 守门员与场上运动员进行射门比赛

训练项目

- 球处理技术

训练重点

- 射门

训练要素

特定目标：	脚背外侧、脚内侧、脚内侧踢球法、跑动中组合球处理技术、脚背、香蕉球
年龄层次：	6岁以上
运动水平：	任意
训练形式：	分组
训练架构：	热身、主要/重点方面
目标：	趣味训练、提高个人能力
参训运动员总数量：	6名或6名以上
可参加的运动员：	整支球队
训练场所：	任意
空间要求：	指定比赛场地
时长：	10～20分钟
守门员数量：	1名

组织方式

设置1个球门和2个位于同一水平位置的锥桶。运动员彼此挨着列队站在2个锥桶之间。每名运动员带一个球。

过程

每名运动员进行1次射门；运动员从左侧开始轮流射门。

选择方式

如果一半或一半以上的运动员射门成功，那么守门员必须完成10个俯卧撑。如果小于一半的运动员射门成功，那么运动员必须完成10个俯卧撑。

器材 1个标准球门和2个锥桶。

技巧

- 射门时必须注意自身的姿势：上身倾向球；支撑腿与球相距12～16英寸，脚对着射门的方向，手臂跟着摆动；最靠近射门腿的手臂必须模仿腿部摆动动作（使用右腿射门时，右臂向后摆动，左臂向前摆动），射门时眼睛必须注视着球。
- 确保使用左脚和右脚交替练习射门。
- 必须在适当的位置（按照教练的要求）练习不同的射门技术（脚内侧踢球、脚背踢球或香蕉球）。

场地大小 55码×35码。

锥桶的间距

球门到锥桶间连线的间距：9～20码。

锥桶到锥桶的间距：20码。

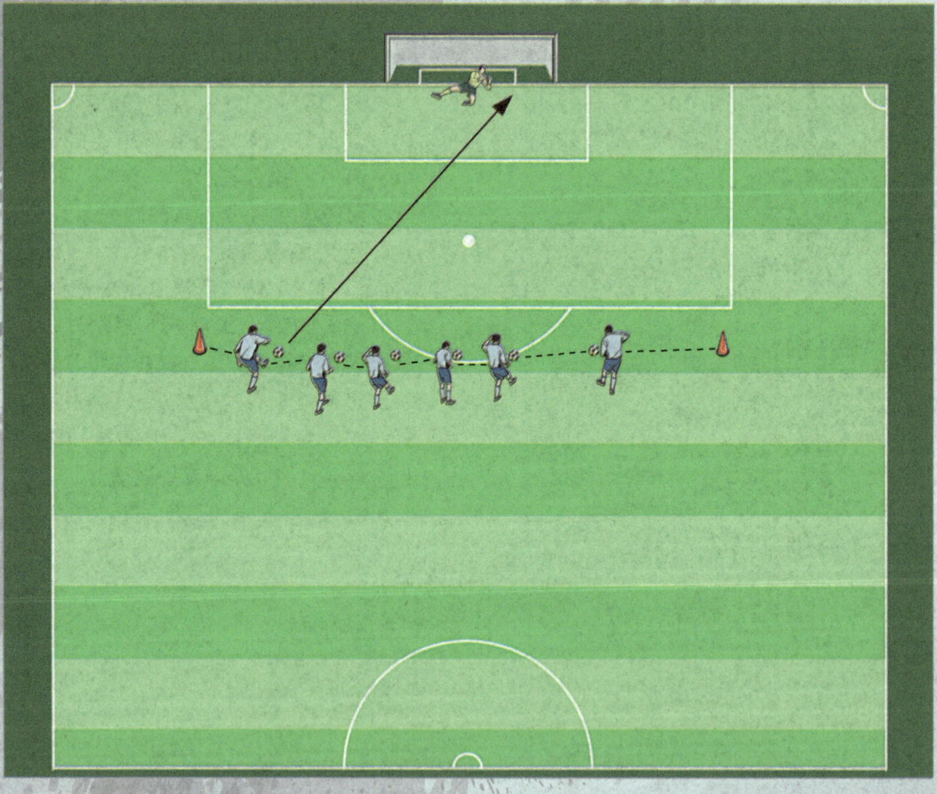

28 速度训练交替射门

训练项目

- 球处理技术

训练重点

- 射门

训练要素

特定目标：	推传球、力量、带球的动作速度、脚背外侧、快速制订决策、脚内侧、脚内侧踢球法、时间间隔法、跑动中组合球处理技术、脚背、香蕉球
年龄层次：	9岁以上
运动水平：	任意
训练形式：	搭档训练
训练架构：	主要/重点方面
目标：	趣味训练、压力训练、提高个人能力
参训运动员总数量：	4名或4名以上
可参加的运动员：	整支球队
训练场所：	任意
空间要求：	指定比赛场地
时长：	5分钟
生理技能：	足球特定耐力、力量、速度耐力
守门员数量：	2名

组织方式

如图所示，设置2个相对的球门（I+ II ）和2个锥桶。在同一水平位置紧挨着放置2行数量一样的球。每行球旁边各站1名运动员。

过程

按照教练的信号指示，2名运动员同时开始射门。蓝色运动服的运动员向球门I射门，红色运动服的运动员向球门II射门。在完成每次射门后，他们接下来使用另一行球中最靠近自己的球射门。进球最多的运动员赢得比赛。

器材 2个标准球门和2个锥桶。

技巧

- 射门时必须注意自身的姿势：上身倾向球；支撑腿与球相距12 ~ 16英寸，脚对着射门的方向，手臂跟着摆动；最靠近射门腿的手臂必须模仿腿部摆动动作（使用右腿射门时，右臂向后摆动，左臂向前摆动），射门时眼睛必须注视着球。
- 确保使用左脚和右脚交替练习射门。
- 必须在适当的位置（按照教练的要求）练习不同的射门技术（脚内侧踢球、脚背踢球或香蕉球）。

- 两名运动员必须试图在相近的时间内完成射门。
- 在可能的情况下，教练必须通过鼓励或时间限制来确保练习的速度。
- 在完成每个训练回合后，等待的运动员可以再次投入训练，同时接下来的两名运动员开始射门。

场地大小 55码×40码。

锥桶的间距

球门到锥桶间连线的间距：10～16码。

锥桶到锥桶的间距：5码。

球门Ⅰ到球门Ⅱ的间距：25～37码。

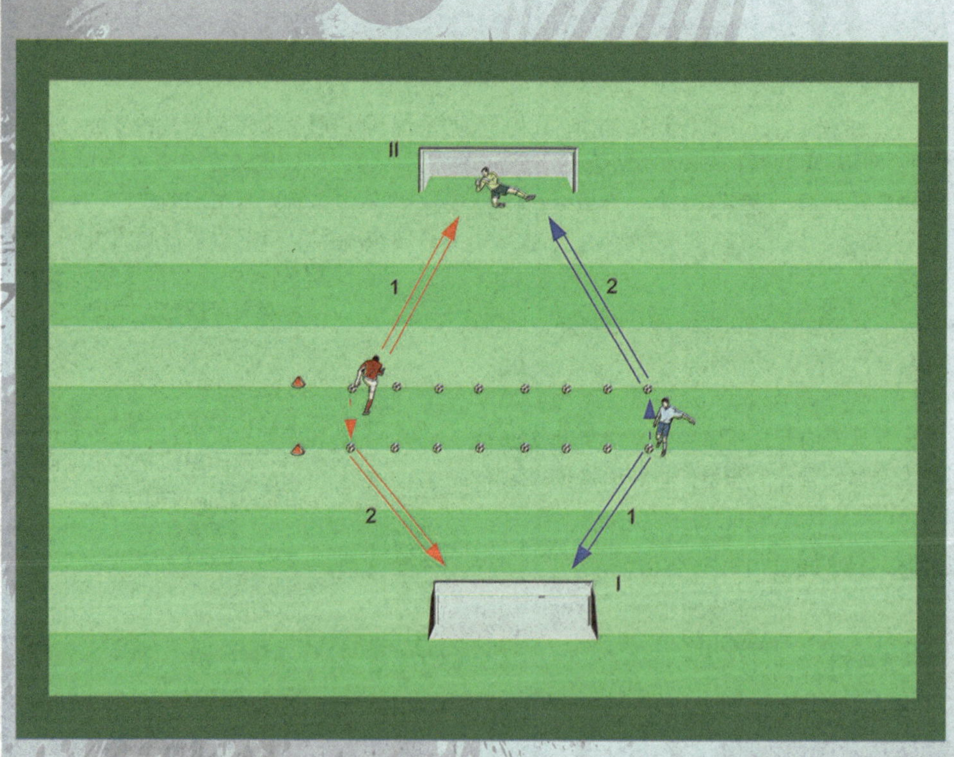

29 两名场上运动员或守门员之间进行射门比赛

训练项目

- 球处理技术

训练重点

- 射门

训练要素

特定目标：	推传球、力量、带球的动作速度、速度预判、脚背外侧、不带球时跑动的速度、抛踢球、快速制订决策、动作速度、脚内侧、脚内侧踢球、时间间隔法、跑动中组合球处理技术、反应速度、凌空抽射、脚背、感知速度、香蕉球
年龄层次：	6岁以上
运动水平：	任意
训练形式：	搭档训练
训练架构：	热身、主要/重点方面
目标：	趣味训练、射门表现、提高个人能力
参训运动员总数量：	2名
可参加的运动员：	整支球队
训练场所：	任意
空间要求：	指定比赛场地
时长：	5~20分钟
生理技能：	足球特定耐力、力量耐力、速度耐力
守门员数量：	2名

组织方式

如图所示，设置1个有2个球门相对的小场地。每个球门前站1名运动员（场上守门员或不守门的运动员）。在2个球门里放置球。

过程

运动员轮流担任守门员和射手。这样，他们可以练习射门和守门。运动员轮流射门。运动员的每次行动可以有三次触球：一次是接球/防守，一次是垫球，最后一次是射门。在接球或防守时球反弹到锥桶的矩形区域外面或者运动员在锥桶的矩形区域外面垫球时，对方的运动员可以立刻使用球门里面的新球来射门。

变化方式

根据球队的人数，训练中可以设置更多或更少的触球次数，或者缩小或扩大标识比赛场地。

器材 2个标准球门和8个锥桶。

技巧

- 射门时必须注意自身的姿势：上身倾向球；支撑腿与球相距12 ~ 16英寸，脚对着射门的方向，手臂跟着摆动；最靠近射门腿的手臂必须模仿腿部的摆动动作（使用右腿射门时，右臂向后摆动，左臂向前摆动），射门时眼睛必须注视着球。
- 确保使用左脚和右脚交替练习射门。
- 根据运动员接球的方式，可以采用地面球、凌空抽射或抛踢球的方式射门。
- 在凌空抽射时，上身要稍微朝前弯曲。触球点要低（不要太高）。这样踢球的力度会更大且准确性更高。
- 使用抛踢球方式时，在球触地的一瞬间采用脚背踢球。
- 纠正守门员的行为：踢球后脚还贴球，缩小角度，快速反应，配合不同的射门/抛球类型，快速转换开始/射门和防守动作。

场地大小 55码×35码。

锥桶的间距

外侧球门柱到同侧球门线锥桶的间距：6.5码。

球门线锥桶到最近的小锥桶的间距：5 ~ 10码。

球门到球门的间距：15 ~ 30码。

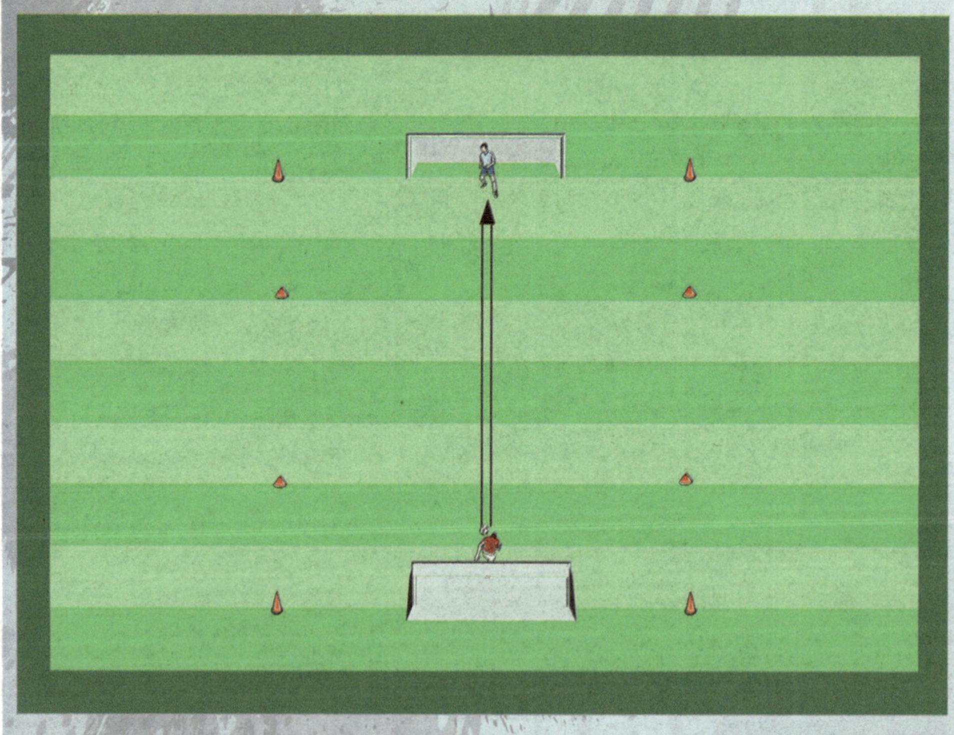

30 运球射门比赛

训练项目

- 球处理技术

训练重点

- 运球
- 假动作
- 射门

训练要素

特定目标:	1对1、推传球、力量、防守/进攻表现、带球的动作速度、速度预判、脚背外侧、带球跑动、运球、快速制订决策、脚内侧、推传球（内侧）、跑动中组合球处理技术、身体假动作、反应速度、脚背、香蕉球
年龄层次:	6岁以上
运动水平:	任意
训练形式:	分组
训练架构:	热身、主要/重点方面
目标:	趣味训练、提高个人能力
参训运动员总数量:	6名或6名以上
可参加的运动员:	整支球队
训练场所:	任意
空间要求:	指定比赛场地
时长:	10～15分钟
生理技能:	足球特定耐力、力量
守门员数量:	1名

组织方式

设置1个球门和1个开始锥桶。运动员带球在开始锥桶位置开始训练。

过程

运球淘汰赛是一项基于运球/射门规则的比赛。

开始运动员运球并尝试打败守门员。未能进球的运动员成为守门员。采用射门罚分方式射门未进罚1分。被处3分罚分的运动员会被淘汰出局。已经被罚两分的运动员在射门后如果罚分加起来达到3分，那么该名射手也必须成为守门员，直到另一名运动员被淘汰出局。最后留下来的运动员赢得比赛。

器材 1个标准球门和1个锥桶。

技巧

- 射门时必须注意自身的姿势：上身倾向球；支撑腿与球相距12～16英寸，脚对着射门的方向，手臂跟着摆动；最靠近射门腿的手臂必须模仿腿部摆动动作（使用右腿射门时，右臂向后摆动，左臂向前摆动），射门时眼睛必须注视着球。

- 运球时，上身先稍微向前弯曲。完成运球或往回运球时，运动员可以挺直身体。
- 在执行身体假动作时会改变重心，因为上身会分别弯向左边或右边。这是身体假动作特有的表现。
- 不要驼背。
- 手臂在左右两边，按照正常跑动/走路的节奏弯曲和晃动身体。
- 接球时必须弯曲膝盖。
- 轻轻（“柔和”）地触球，同时必须培养球感。
- 眼睛不要一直盯着球（有时注视着球，有时要注视着前方）。
- 保持速度。
- 尽可能多地触球。
- 在完成射门动作时，膝盖要稍微弯曲。
- 尽量靠近球（与球的距离不得超过20英寸）。

场地大小 35码×25码。

锥桶的间距

球门到开始锥桶的间距：12 ~ 25码。

31 在接球和控球后以不同的动作向两个球门射门

训练项目

- 球处理技术

训练重点

- 接球和带球跑动
- 假动作
- 射门

训练要素

特定目标：	推传球、力量、带球的动作速度、速度预判、脚背外侧、带球跑动、敏捷性、运球、快速制订决策、动作速度、脚内侧、推传球（内侧）、跑动中组合球处理技术、短传、身体假动作、反应速度、脚背、感知速度、香蕉球
年龄层次：	6岁以上
运动水平：	任意
训练形式：	分组
训练架构：	主要/重点方面
目标：	提高个人能力
参训运动员总数量：	4名或4名以上
可参加的运动员：	整支球队
训练场所：	任意
空间要求：	指定比赛场地
时长：	20～40分钟
生理技能：	足球特定耐力
守门员数量：	2名

组织方式

设置2个相对的球门和6个锥桶（如74页图所示）。运动员均匀地站在外面4个开始锥桶之后。球队A和B的运动员带球。

过程

训练顺序I

运动员A向运动员A1传出低球。运动员A1运球跑到最近的中间锥桶位置，接着带球并射门。同时，运动员B将球传给运动员B1，运动员B1运球跑到最近的中间锥桶位置，接着带球并射门。一开始可以使用香蕉球向球门的角落射，接着使用脚背或脚内侧踢球射门。

训练顺序II

类似于训练顺序I，但是现在要在中间锥桶位置完成一个假动作。

在完成5分钟的变化方式训练后，运动员交换场地并使用左右脚交替练习（运动员A成为运动员B/运动员A1成为运动员B1）。

变化方式I

每名运动员带一个球。运动员A和B同时开始跑动并在指定的中间位置会合。两名运动员的左臂必须绑在一起并完成一个完整的转身（急跑）。接着他们在跑动方向射门。接下来是运动员B1和A1一起完成相同的训练。

变化方式II

每名运动员带1个球。运动员A和B从他们的锥桶位置同时开始，并在跑动2 ~ 3码距离后将球传到对方的跑动路线上，这样运动员就可以在中间锥桶的水平位置射门。接下来，运动员A1和B1开始相同的训练。

变化方式III

运动员A与等在中间锥桶位置的运动员A1完成二过一传球。接着，运动员A将球传过球门线，站在球门方格等待射门的运动员A1接住传球。运动员B和B1按照同样顺序进行训练。

变化方式IV

运动员A将球传给站在中间锥桶等待的运动员A1，接着朝斜对球门的方向跑动。运动员A1将球反弹到运动员A的跑动路线上，接着在传球后小步跑动并（在球门线方向）接住运动员A的长传。运动员A1将球传过运动员A站立的罚球区位置。运动员B和B1按照同样顺序进行训练。在运动员A和运动员A1以及运动员B和运动员B1完成一个回合的训练后，运动员交换位置进行训练。

器材 2个标准球门和6个锥桶。

技巧

射门

- 射门时必须注意自身的姿势：上身倾向球；支撑腿与球相距12 ~ 16英寸，脚对着射门的方向，手臂跟着摆动；最靠近射门腿的手臂必须模仿腿部摆动动作（使用右腿射门时，右臂向后摆动，左臂向前摆动），射门时眼睛必须注视着球。
- 在凌空抽射时，上身要稍微朝前弯曲。触球点要低（不要太高）。这样踢球的力度会更大且准确性更高。
- 头球射门时，触球点为前额。上身保持弓形，这样可以产生力量（运动员必须背部弯曲）。在触球前，运动员突然使用头部猛击身体前方的球就可以释放这种张力。手臂要弯曲向后。

传球

- 向将球踢回的运动员传球时，必须确保将球传给该运动员能力较强的脚。
- 接球和带球跑动必须是一个流畅的动作。在接球和运球时必须避免球反弹太远或直接偏离跑动路线太远。
- 将球传到跑动路线时，运动员必须将球传出，这样接球员才可以直接（在跑动中）开始接下来的动作（例如，长传转球）。

假动作

- 在距离中间锥桶1 ~ 2码的位置采用假动作。接着小步跑动提高速度射门。

运球

- 运球时，上身首先要稍微往前面弯曲。接着，运动员在停下来或回拉球时要挺直身子。
- 在完成身体假动作时，重心会发生改变，因为上身会分别朝右边或左边弯曲。在采用身体假动作时，这种情况是很普遍的。

- 不要驼背。
- 手臂在左右两边，按照正常跑动/走路的节奏弯曲和晃动身体。
- 移动球时，膝盖要弯曲。
- 轻轻（“柔和”）地触球，同时必须培养球感。
- 眼睛不要一直盯着球（有时注视着球，有时要注视着前方）。
- 保持速度。
- 尽可能多地触球。
- 在完成射门动作时，膝盖要稍微弯曲。
- 保持靠近球（与球的距离不得超过20英寸）。

将球踢回的运动员

- 传球的运动员开始晃动身体时，准备将球踢回的运动员会做出轻微的反向移动，然后小步跑向球。

场地大小 55码×45码。

锥桶的间距

外球门柱与最接近的外部锥桶之间的间距：10码。

外部锥桶与最接近的中间锥桶之间的间距：12.5～20码。

球门到球门的间距：25～40码。

A
B1
A1
B

32 传球后向两个球门射门

训练项目

- 球处理技术

训练重点

- 射门

训练要素

特定目标：	带球的动作速度、速度预判、脚背外侧、接球和带球跑动、运球、快速制订决策、脚内侧、脚背
年龄层次：	6岁以上
运动水平：	任意
训练形式：	分组
训练架构：	主要/重点方面
目标：	提高个人能力
参训运动员总数量：	6名或6名以上
可参加的运动员：	整支球队
训练场所：	任意
空间要求：	双禁区
时长：	10～15分钟
生理技能：	足球特定耐力
守门员数量：	2名

组织方式

如图所示，设置2个相对的球门。在球门左右两边的底线上以及场地中分别放置1个锥桶。提供一定数量的球。

过程

运动员均匀地分散站在锥桶之后。运动员A向最近的中间锥桶位置运球并将球传给运动员A1。在接球后，运动员A1直接射门。运动员B和运动员B1按照相同的顺序完成训练。接下来，运动员交换位置。运动员A1向中间锥桶运球并将球传给接球后射门的运动员A。

器材 2个标准球门和6个锥桶。

技巧

- 必须使用一次触球方式接球和带球跑动，同时球不可以反弹到距离脚较远的位置。
- 要求使用不同的射门技术（脚内侧、脚背、脚外侧、脚背内侧……）。
- 快速向中间锥桶位置运球。等待球的运动员必须能够准确地预判运球的速度以便与运球员同时到达锥桶位置。
- 交替使用左右脚练习射门。

场地大小 50码×35码。

锥桶的间距

球门到球门线一侧的间距：10码。

球门线锥桶到中间锥桶的间距：16码。

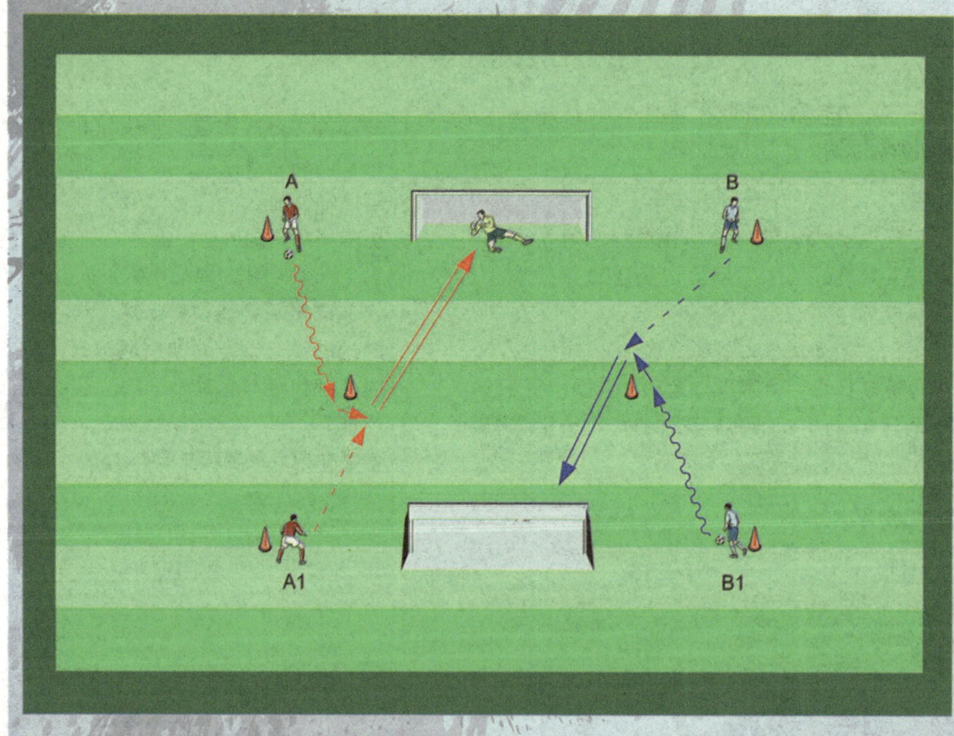

33 对角球后向两个球门射门

训练项目

- 球处理技术

训练重点

- 射门

训练要素

特定目标：	推传球、力量、带球的动作速度、速度预判、快速制订决策、动作速度、推传球、脚内侧踢球法、跑动中组合球处理技术、反应速度、脚背、感知速度、香蕉球
年龄层次：	9岁以上
运动水平：	高级
训练形式：	分组
训练架构：	主要/重点方面
目标：	提高个人能力
参训运动员总数量：	6名或6名以上
可参加的运动员：	整支球队
训练场所：	任意
空间要求：	指定比赛场地
时长：	10～15分钟
生理技能：	足球特定耐力、力量
守门员数量：	2名

组织方式

设置2个相对的球门和2个将球踢回者所在位置的锥桶（如图所示）。在将球踢回者所在的锥桶位置分别站1名运动员(A1和B1)，剩下的运动员带球均匀地分散站在挨着球门的2个位置。

过程

运动员A将球传给运动员A1。同时，运动员B将球传给运动员B1。现在，运动员A1和运动员B1一起让球反弹到相反的一侧。运动员B使用运动员A1传过来的球射门，而运动员A使用运动员B1传过来的球射门。

接下来顺时针改变位置进行练习：运动员A站到将球踢回的运动员B1的位置，运动员B1捡回运动员A射门的球并站在运动员B开始所在的列队站立。运动员B站到将球踢回运动员A1的位置，而运动员A1按照轮流顺序捡回运动员B射门的球并站在运动员A开始所在的列队站立。

器材 2个标准球门和2个锥桶。

技巧

- 射门时必须注意自身的姿势：上身倾向球；支撑腿与球相距12 ~ 16英寸，脚对着射门的方向，手臂跟着摆动；最靠近射门腿的手臂必须模仿腿部摆动动作（使用右腿射门时，右臂向后摆动，左臂向前摆动），射门时眼睛必须注视着球。

- 运动员开始晃动身体时，将球踢回的运动员会做出轻微的反向移动，然后小步跑向球。
- 向将球踢回的运动员传球时，确保将球传给该运动员能力较强的脚。
- 球离开脚下时，传球的运动员必须跑动起来，以便直接利用将球踢回的运动员所踢过来的球。
- 来自球门一侧的两支球队的运动员必须总是同时开始训练以便保证训练的顺利进行。
- 必须在适当的位置（按照教练的要求）练习不同的射门技术（脚内侧踢球、脚背踢球或香蕉球）。

场地大小 50码×35码。

锥桶的间距

球门与同侧球队之间的间距：5～7码。

球门到球门的间距：20～30码。

球门与最近的将球踢回者所在的锥桶位置之间的间距：10～15码。

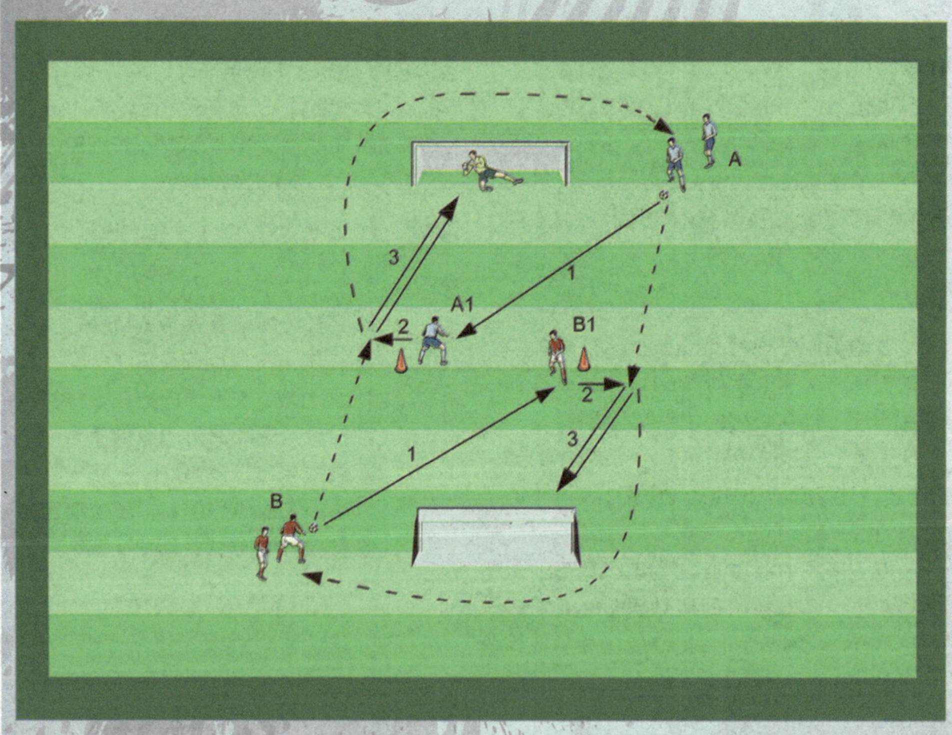

34 交替向两个球门射门

训练项目

- 球处理技术

训练重点

- 射门

训练要素

特定目标：	推传球、力量、带球的动作速度、速度预判、脚背外侧、接球和带球跑动、二过一、快速制订决策、脚内侧、推传球（内侧）、脚内侧踢球法、跑动中组合球处理技术、短传、反应速度、脚背、香蕉球
年龄层次：	9岁以上
运动水平：	任意
训练形式：	分组
训练架构：	主要/重点方面
目标：	提高个人能力
参训运动员总数量：	8名或8名以上
可参加的运动员：	整支球队
训练场所：	任意
空间要求：	指定比赛场地
时长：	10～15分钟
生理技能：	足球特定耐力、力量
守门员数量：	2名

组织方式

设置2个相对的球门，2个开始位置的锥桶和1个将球踢回者所在位置的锥桶。1名运动员站在将球踢回者所在的锥桶边位置，剩下的运动员带球均匀地分散站在2个开始锥桶附近。

过程

球队B的运动员穿红色运动员服。该运动员与将球踢回的运动员一起完成二过一传球然后射门。现在，将球踢回的运动员跑向另一侧并接住穿蓝色运动服的运动员A传过来的球。他让球反弹到一侧以便运动员A射门。完成射门的运动员要捡回球并列队站在另一个球队的后面。

选择方式

将球踢回的运动员也可以让球反弹到传球运动员的跑动路线上，让传球运动员在跑动中接球/控球，然后射门。

经常替换将球踢回的运动员。

器材 2个标准球门和3个锥桶。

技巧

- 射门时必须注意自身的姿势：上身倾向球；支撑腿与球相距12～16英寸，脚对着射门的方向，手臂跟着摆动；最靠近射门腿的手臂必须模仿腿部摆动动作（使用右腿射门时，右臂向后摆动，左臂向前摆动），射门时眼睛必须注视着球。

- 运动员开始晃动身体时，将球踢回的运动员会做出轻微的反向移动，然后小步跑向球。
- 在完成二过一传球后，将球踢回的运动员必须立刻跑到另一侧与其他球队的运动员完成下一个二过一传球。
- 运动员必须使用能力较强的脚向将球踢回的运动员传球。
- 将球踢回的运动员开始晃动身体时，传球的运动员立刻开始跑动。
- 必须在适当的位置（按照教练的要求）练习不同的射门技术（脚内侧踢球、脚背踢球或香蕉球）。
- 必须使用一次触球方式接球和传球。

场地大小 50码×35码。

锥桶的间距

球门与将球踢回者所在的锥桶位置之间的间距：8～16码（根据运动员的年龄而定）。

开始锥桶到将球踢回者所在的锥桶位置之间的间距：5～8码。

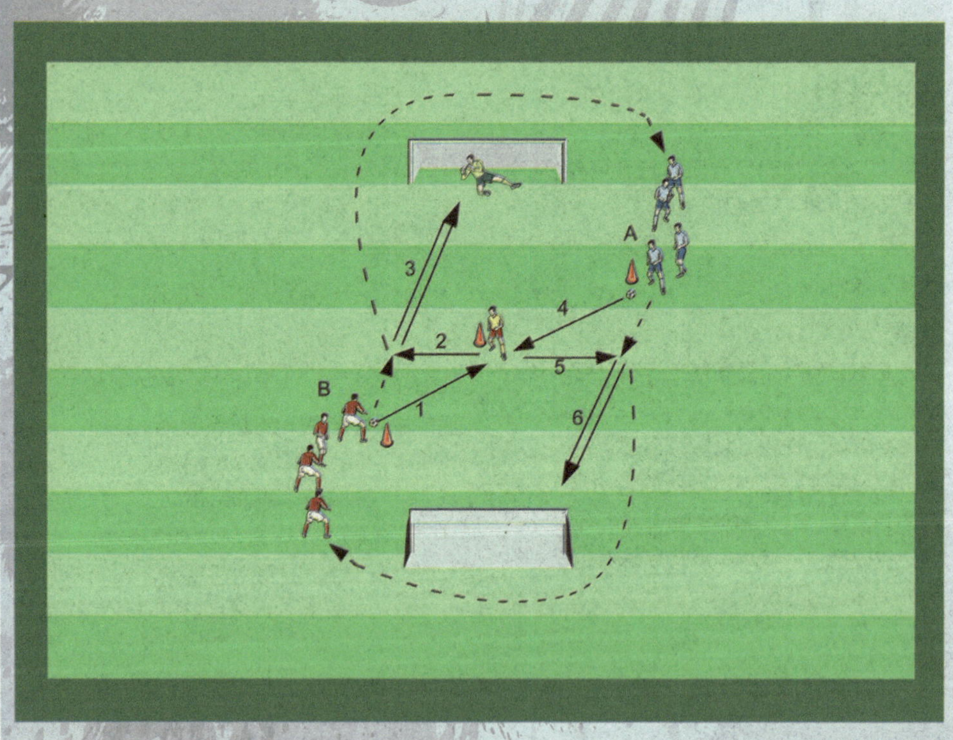

35 在组合传球后向两个球门射门

训练项目

- 球处理技术

训练重点

- 射门

训练要素

特定目标：	推传球、力量、带球的动作速度、速度预判、脚背外侧、直接传球打法、基本跑动、快速制订决策、脚内侧、推传球（内侧）、脚内侧踢球法、跑动中组合球处理技术、三角传球、反应速度、快速传给前锋、脚背、香蕉球
年龄层次：	9岁以上
运动水平：	高级
训练形式：	分组
训练架构：	主要/重点方面
目标：	掌握进攻打法、提高个人能力
参训运动员总数量：	8名或8名以上
可参加的运动员：	整支球队
训练场所：	任意
空间要求：	指定比赛场地
时长：	10～15分钟
生理技能：	足球特定耐力、力量
守门员数量：	2名

组织方式

设置2个相对的球门，4个开始位置锥桶和1个将球踢回者所在位置的锥桶（如图所示）。1名运动员站在将球踢回者所在的锥桶边上，剩下的运动员均匀地分散在4个开始锥桶附近。运动员A和运动员B带球。

过程

运动员A一开始就向将球踢回的运动员传球。他将球横传给运动员A1，而运动员A1接球后直接射门。接下来运动员A到运动员B1后面而运动员A1到运动员B后面。将球踢回的运动员转身并接住运动员B的传球，然后他将球横传给运动员B1。运动员B1接球后直接射门。随后，两名运动员站到对面球队的队尾。

选择方式：

第二名将球踢回的运动员自己站到第一名将球踢回的运动员的旁边。现在两支球队(A+A1和B+B1)开始同时训练。

器材 2个标准球门和4个锥桶。

技巧

按照以下方式进行训练

- 运动员A/B开始做出传球的身体动作时将球踢回的运动员做出相反的动作（向着传球运动员跑动1～2码后再向后跑动）。

- 将球踢回的运动员开始做出传球的身体动作时运动员A/B开始跑动。
- 射门时必须注意自身的姿势：上身倾向球；支撑腿与球相距12 ~ 16英寸，脚对着射门的方向，手臂跟着摆动；最靠近射门腿的手臂必须模仿腿部摆动动作（使用右腿射门时，右臂向后摆动，左臂向前摆动），射门时眼睛必须注视着球。
- 运动员开始晃动身体时，将球踢回的运动员会做出轻微的反向移动，然后小步跑向球。
- 在完成传球后，拦截回弹球的运动员必须立刻跑到另一侧与另一支球队的运动员一起完成下一个传球。
- 运动员必须使用能力较强的脚向将球踢回的运动员传球。
- 必须在适当的位置（按照教练的要求）练习不同的射门技术（脚内侧踢球、脚背踢球或香蕉球）。

场地大小 50码×35码。

锥桶的间距

球门/开始锥桶与将球踢回的运动员之间的间距：8 ~ 16码（根据运动员的年龄而定）。

36 协助传球后向两个球门射门

训练项目

- 球处理技术

训练重点

- 射门

训练要素

特定目标：	推传球、力量、带球的动作速度、进攻打法、速度预判、脚背外侧、基本跑动、快速制订决策、脚内侧、推传球（内侧）、脚内侧踢球法、跑动中组合球处理技术、反应速度、快速传给前锋、脚背、感知速度、香蕉球
年龄层次：	9岁以上
运动水平：	高级
训练形式：	分组
训练架构：	主要/重点方面
目标：	掌握进攻打法、提高个人能力
参训运动员总数量：	8名或8名以上
可参加的运动员：	整支球队
训练场所：	任意
空间要求：	指定比赛场地
时长：	10~15分钟
生理技能：	足球特定耐力、力量
守门员数量：	2名

组织方式

设置2个相对的球门和4个开始锥桶（如图所示）。运动员均匀地分散在4个开始锥桶之后。运动员A与运动员B带球。

过程

运动员A向运动员B1传出对角球。接下来，运动员B为运动员A1创造射门机会。在每个动作完成后，运动员与相邻锥桶位置的运动员(运动员A与运动员A1/运动员B与运动员B1，反之亦然)交换位置。

器材 2个标准球门和4个锥桶。

技巧

- 传球的运动员开始晃动身体时，接球的运动员立刻开始跑动。
- 射门时必须注意自身的姿势：上身倾向球；支撑腿与球相距12～16英寸，脚对着射门的方向，手臂跟着摆动；最靠近射门腿的手臂必须模仿腿部摆动动作（使用右腿射门时，右臂向后摆动，左臂向前摆动），射门时眼睛必须注视着球。
- 必须交替使用左右脚练习射门。只可以使用左脚在一侧射门，接着使用右脚在另一侧射门。

- 必须在适当的位置（按照教练的要求）练习不同的射门技术（脚内侧踢球、脚背踢球或香蕉球）。

场地大小 50码×35码。

锥桶的间距

球门到侧边锥桶的间距：7码。

球门到球门的间距：20～30码。

（锥桶之间的间距可因运动员年龄的不同而有所不同）。

37 传球过线后向两个球门射门

训练项目

- 球处理技术

训练重点

- 射门

训练要素

特定目标：	推传球、力量、带球的动作速度、速度预判、脚背外侧、带球跑动、快速制订决策、脚内侧、推传球（内侧）、脚内侧踢球法、跑动中组合球处理技术、短传、反应速度、脚背、香蕉球
年龄层次：	6岁以上
运动水平：	任意
训练形式：	分组
训练架构：	主要/重点方面
目标：	提高个人能力
参训运动员总数量：	8名或8名以上
可参加的运动员：	整支球队
训练场所：	任意
空间要求：	指定比赛场地
时长：	10～15分钟
生理技能：	足球特定耐力、力量
守门员数量：	2名

组织方式

设置2个相对的球门和4个开始锥桶（如图所示）。运动员均匀地分散在4个开始锥桶之后。运动员A与运动员B1带球。

过程

运动员沿着跑动路线传球射门。运动员A将球传到运动员B的跑动路线上，而运动员B1将球传到运动员A1的跑动路线上。运动员B和运动员A1接球后直接射门。接下来，运动员顺时针交换位置。运动员B和运动员A1传球，运动员B1和运动员A以更换射门的脚的方式射门。

选择方式

在接球和移动球（低球/高球）后射门。

器材 2个标准球门和4个锥桶。

技巧

- 传球的运动员开始晃动身体时，接球的运动员立刻开始跑动。
- 射门时必须注意自身的姿势：上身倾向球；支撑腿与球相距12 ～ 16英寸，脚对着射门的方向，手臂跟着摆动；最靠近射门腿的手臂必须模仿腿部摆动动作（使用右腿射门时，右臂向后摆动，左臂向前摆动），射门时眼睛必须注视着球。
- 必须使用左右脚交替练习射门。运动员只可以在一侧使用左脚射门而在另一侧使用右脚射门或者替换传球运动员。

- 必须在适当的位置（按照教练的要求）练习不同的射门技术（脚内侧踢球、脚背踢球或香蕉球）。
- 接球和带球跑动必须是一个流畅的动作。在接球和运球时必须避免球反弹太远或直接偏离跑动路线太远。
- 必须严格使用一次触球方式接球和带球跑动，接着在第二次触球时射门。
- 开始运动员必须使用脚背内侧踢高球。这样球会飞出稍稍朝上的直线轨道。相对于使用脚背踢出的弧线球，这种踢法可以将球更快地从运动员A传给运动员B。
- 胸部停球时，上身必须在接触球时转向球门，这样就可以在下一次触球时定向射门。
- 凌空抽射时，上身要稍微朝前弯曲。触球点要低（不要太高）。这样踢球的力度会更大且准确性更高。

场地大小 50码×35码。

锥桶的间距

球门一侧门柱到同侧边锥桶的间距：10码。

球门到球门的间距：15～30码。

（锥桶之间的间距可因运动员年龄的不同而有所不同。）

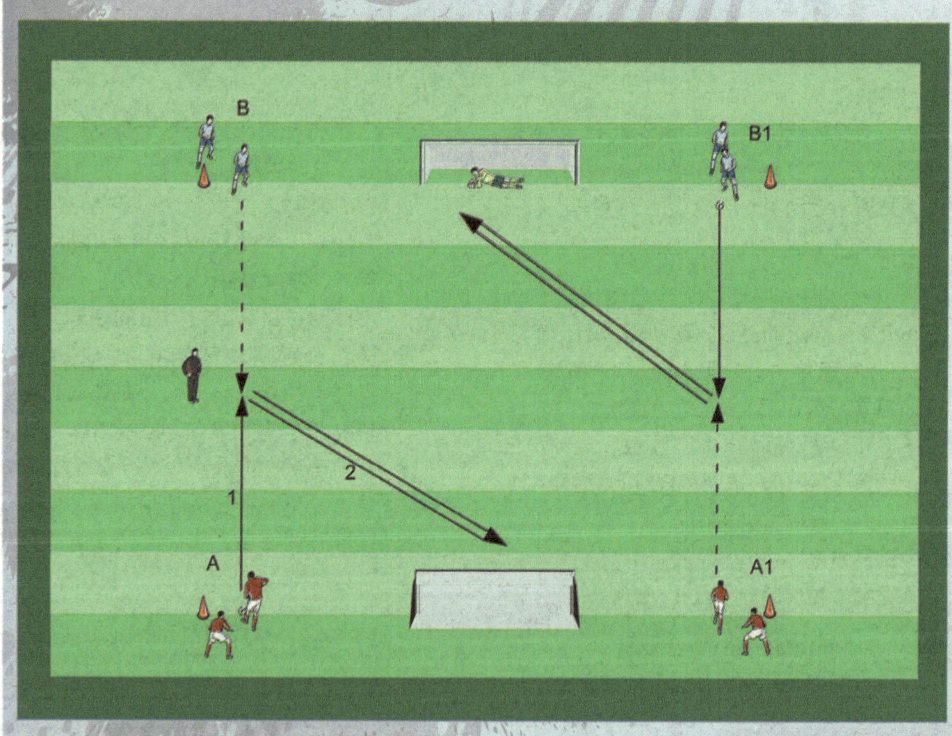

38 以连续动作向两个球门射门

训练项目

- 球处理技术

训练重点

- 假动作

训练要素

特定目标：	推传球、力量、带球的动作速度、进攻打法、速度预判、脚背外侧、带球跑动、二过一、运球、快速制订决策、脚内侧、推传球（内侧）、脚内侧踢球法、跑动中组合球处理技术、身体假动作、反应速度、脚背、感知速度、香蕉球
年龄层次：	6岁以上
运动水平：	高级
训练形式：	分组
训练架构：	主要/重点方面
目标：	掌握进攻打法、提高个人能力
参训运动员总数量：	8名或8名以上
可参加的运动员：	整支球队
训练场所：	任意
空间要求：	指定比赛场地
时长：	10～15分钟
生理技能：	足球特定耐力、速度耐力、力量
守门员数量：	2名

组织方式

设置2个相对的球门并在外部设置4个锥桶。在外面2个对角的开始锥桶之后均匀地分散运动员和球。在里面额外设置1个锥桶矩形区域(如图所示)。

过程

运动员A运球跑向里面的锥桶矩形区域，并在矩形区域里面射门。接下来，他绕着放置在他左前方的锥桶向后快跑至开始锥桶。在跑动的途中，运动员B与他一起完成二过一传球。在完成了二过一传球后，运动员B也运球跑向锥桶矩形区域并在矩形区域中射门。接着运动员重复相同的训练顺序。穿蓝色运动服的运动员(C)在对面球门完成相同的训练。随后运动员再次离队站在开始锥桶位置。

选择方式

在接球后，运动员可以在进入锥桶矩形区域时经过的第一个锥桶前面完成假动作。

器材 2个标准球门和8个锥桶。

技巧

- 运球时必须靠近球（球与脚的距离必须小于20英寸）。
- 在恰当的时刻运用假动作（与锥桶的间距1 ~ 2码）和使用正确的技术是很重要的。
- 接球和带球跑动必须是一个流畅的动作。在接球和运球时必须避免球反弹太远或直接偏离跑动路线太远。
- 必须严格以一次触球方式接球和带球跑动。
- 射门时必须注意自身的姿势：上身倾向球；支撑腿与球相距12 ~ 16英寸，脚对着射门的方向，手臂跟着摆动；最靠近射门腿的手臂必须模仿腿部摆动动作（使用右腿射门时，右臂向后摆动，左臂向前摆动），射门时眼睛必须注视着球。
- 同时还必须要求使用能力较弱的脚（总是交替使用左右脚等）射门。
- 必须在恰当的时机准确且有力地传球。

场地大小 50码×32码。

锥桶的间距

球门一侧门柱到同侧边锥桶的间距：12码。

球门到球门的间距：30码。

里面的锥桶矩形的锥桶的间距：10 ~ 15码。

（锥桶之间的间距可因运动员年龄的不同而有所不同。）

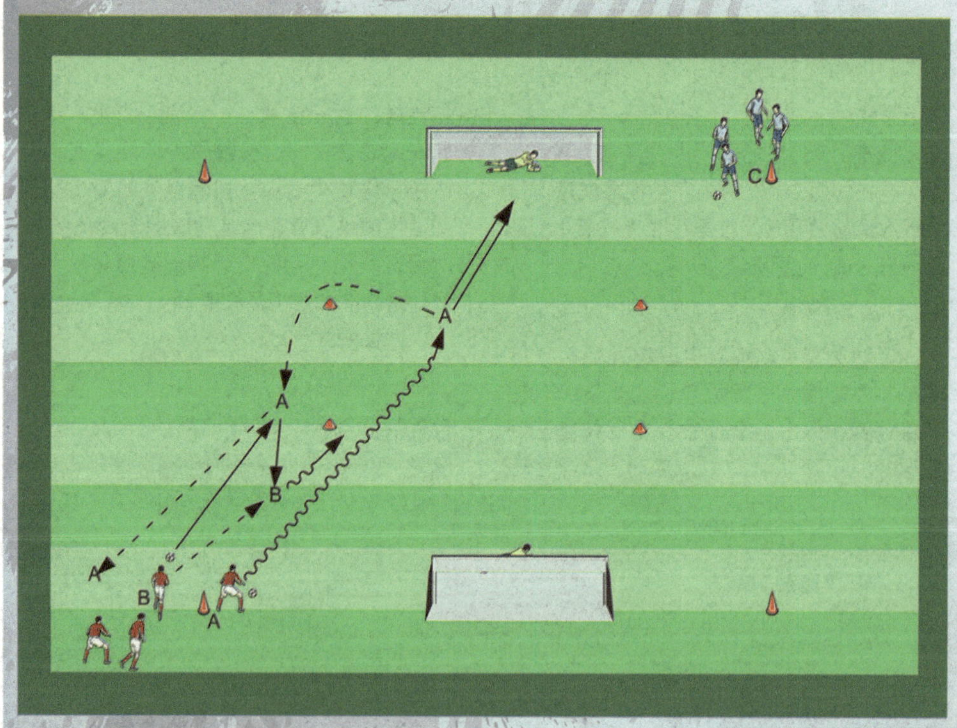

39 以两次二过一方式射门

训练项目

- 球处理技术

训练重点

- 射门

训练要素

特定目标：	推传球、力量、带球的动作速度、进攻打法、速度预判、不带球时跑动的速度、直接传球打法、二过一、快速制订决策、动作速度、推传球（内侧）、脚内侧踢球法、跑动中组合球处理技术、短传、运球、香蕉球
年龄层次：	9岁以上
运动水平：	高级、专业级别
训练形式：	分组
训练架构：	主要/重点方面
目标：	提高个人能力
参训运动员总数量：	4名或4名以上
可参加的运动员：	整支球队
训练场所：	任意
空间要求：	指定比赛场地
时长：	10～15分钟
生理技能：	足球特定耐力、速度耐力
守门员数量：	1名

组织方式

如图所示，设置1个球门和3个锥桶。运动员（B和C）分别站在最接近球门的2个锥桶位置，剩下的运动员（A）带球站在第3个锥桶位置。

过程

运动员A与运动员B完成二过一传球，接着再与运动员C完成二过一传球，稍稍运球跑动后射门。射门的运动员捡回球并再次列队站在第3个锥桶位置。经常更换两名将球踢回的运动员。

器材 1个标准球门和3个锥桶。

技巧

- 运动员开始晃动身体时，将球踢回的运动员必须做出轻微的反向移动，然后小步跑向球。
- 运动员必须使用能力较强的脚向将球踢回的运动员传球。
- 接球和带球跑动必须是一个流畅的动作。在接球和运球时必须避免球反弹太远或直接偏离跑动路线太远。
- 运球时必须靠近球。

- 射门时必须注意自身的姿势：上身倾向球；支撑腿与球相距12 ~ 16英寸，脚对着射门的方向，手臂跟着摆动；最靠近射门腿的手臂必须模仿腿部摆动动作（使用右腿射门时，右臂向后摆动，左臂向前摆动），射门时眼睛必须注视着球。
- 必须交替使用左右脚练习射门。
- 必须在适当的位置（按照教练的要求）练习不同的射门技术（脚内侧踢球、脚背踢球或香蕉球）。

场地大小 50码×35码。

锥桶的间距

球门到最近锥桶的间距：16 ~ 25码。

3个锥桶的间距：10 ~ 16码。

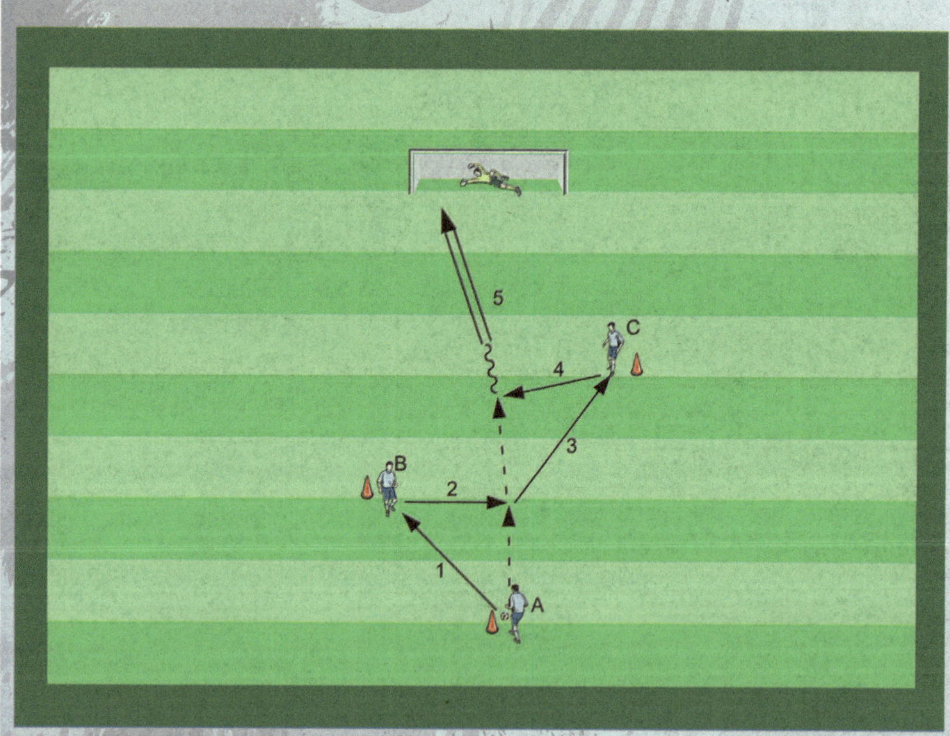

40 以多次二过一方式射门

训练项目

- 球处理技术

训练重点

- 射门

训练要素

特定目标：	推传球、力量、带球的动作速度、速度预判、脚背外侧、不带球时跑动的速度、直接传球打法、二过一、快速制订决策、动作速度、脚内侧、推传球（内侧）、脚内侧踢球法、跑动中组合球处理技术、短传、反应速度、脚背、感知速度、香蕉球
年龄层次：	13岁以上
运动水平：	高级、专业级别
训练形式：	分组
训练架构：	主要/重点方面
目标：	提高个人能力
参训运动员总数量：	8名或8名以上
可参加的运动员：	整支球队
训练场所：	任意
空间要求：	指定比赛场地
时长：	10～15分钟
生理技能：	足球特定耐力、速度耐力
守门员数量：	1名

组织方式

设置1个球门，两行相对的锥桶且每行有3个锥桶(如图所示)以及1个开始锥桶。每个锥桶位置站立1名运动员。剩下的运动员站在开始锥桶位置。

过程

站在开始锥桶位置的运动员A与站在6个锥桶位置的每一名运动员完成二过一传球，从运动员B开始。在完成了传球接力后运动员A射门。完成了射门后，接下来的运动员开始训练。经常更换将球踢回的运动员。

器材　1个标准球门和7个锥桶。

技巧

- 传球的运动员开始晃动身体时，各自的二过一传球搭档（将球踢回的运动员）可以做出轻微的反向移动，接着小步跑向球。
- 必须将球传给将球踢回的运动员能力较强的那只脚。
- 尽可能直接传球。
- 射门时必须注意自身的姿势：上身倾向球；支撑腿与球相距12 ~ 16英寸，脚对着射门的方向，手臂跟着摆动；最靠近射门腿的手臂必须模仿腿部摆动动作（使用右腿射门时，右臂向后摆动，左臂向前摆动），射门时眼睛必须注视着球。

- 必须交替使用左右脚练习射门。
- 必须在适当的位置（按照教练的要求）练习不同的射门技术（脚内侧踢球、脚背踢球或香蕉球）。

场地大小 55码×45码。

锥桶的间距

球门与最接近球门的一对锥桶的间距：10～15码。

锥桶到锥桶/宽度的间距：20码。

锥桶到锥桶/深度的间距：5～10码。

开始锥桶到第一个将球踢回者所在的锥桶位置之间的间距：5码。

（锥桶之间的间距可因运动员年龄的不同而有所不同。）

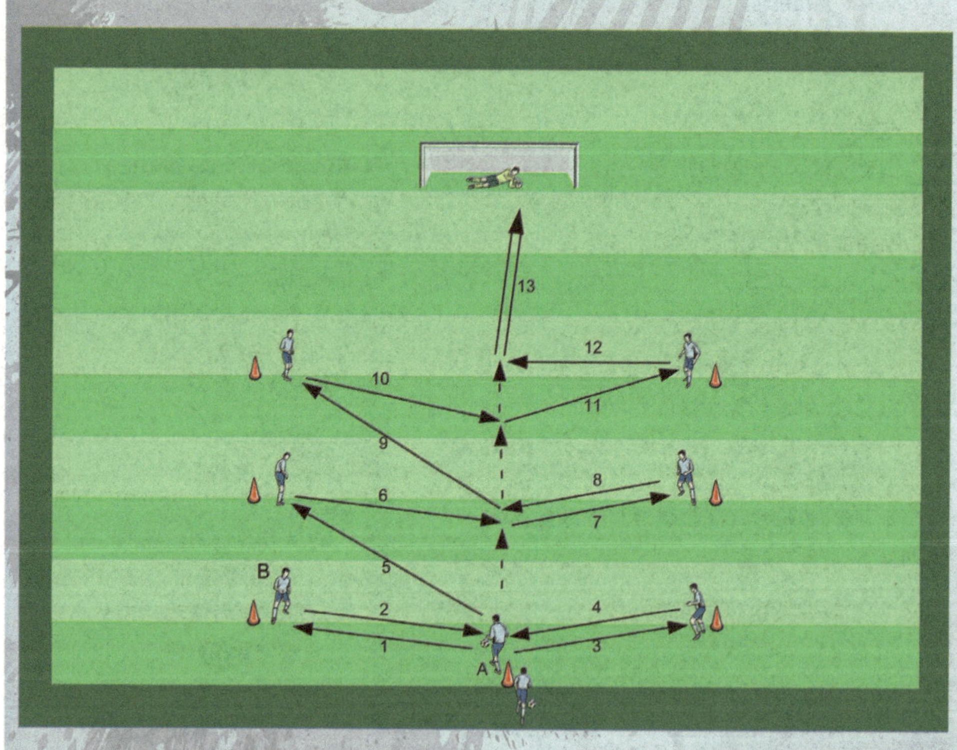

41 以多次传球和叠加式跑动的方式射门

训练项目

- 球处理技术

训练重点

- 射门

训练要素

特定目标：	推传球、力量、带球的动作速度、进攻打法、速度预判、脚背外侧、不带球时跑动的速度、直接传球打法、二过一、快速制订决策、叠加式跑动、脚内侧、推传球（内侧）、脚内侧踢球法、跑动中组合球处理技术、传球经过多个站位、反应速度、脚背、香蕉球
年龄层次：	9岁以上
运动水平：	高级
训练形式：	分组
训练架构：	主要/重点方面
目标：	掌握进攻打法、提高个人能力
参训运动员总数量：	4名或4名以上
可参加的运动员：	整支球队
训练场所：	任意
空间要求：	指定比赛场地
时长：	10～15分钟
生理技能：	足球特定耐力、力量
守门员数量：	1名

组织方式

如图所示，设置1个球门，2个将球踢回者所在位置的锥桶和1个开始锥桶。每个将球踢回者所在的锥桶位置站立1名运动员，剩下的运动员带球列队站在开始锥桶位置。

过程

运动员A与运动员B一起完成二过一传球，接着再直接将球传给运动员C。在运动员A完成了第二次传球后，他站到运动员B的位置上。运动员B在将球回传给A后直接绕过他跑动，并使用运动员C(4)的传球射门。运动员B站到运动员C的位置而运动员C则跑到运动员A的开始位置。

器材 1个标准球门和3个锥桶。

技巧

- 运动员开始晃动身体时，将球踢回的运动员会做出轻微的反向移动，然后小步跑向球。
- 运动员必须使用能力较强的脚向将球踢回的运动员传球。
- 射门时必须注意自身的姿势：上身倾向球；支撑腿与球相距12 ~ 16英寸，脚对着射门的方向，手臂跟着摆动；最靠近射门腿的手臂必须模仿腿部摆动动作（使用右腿射门时，右臂向后摆动，左臂向前摆动），射门时眼睛必须注视着球。

- 必须交替使用左右脚练习射门。
- 必须在适当的位置（按照教练的要求）练习不同的射门技术（脚内侧踢球、脚背踢球或香蕉球）。
- 运动员B在将球回传给运动员A后就可以开始跑动。
- 必须快速改变位置以避免延迟。

场地大小 50码×40码。

锥桶的间距

球门到最近锥桶的间距：10 ~ 16码。

两个将球踢回者所在位置锥桶的间距：6 ~ 10码。

开始锥桶到最近锥桶的间距：10 ~ 16码。

（锥桶之间的间距可因运动员年龄的不同而有所不同。）

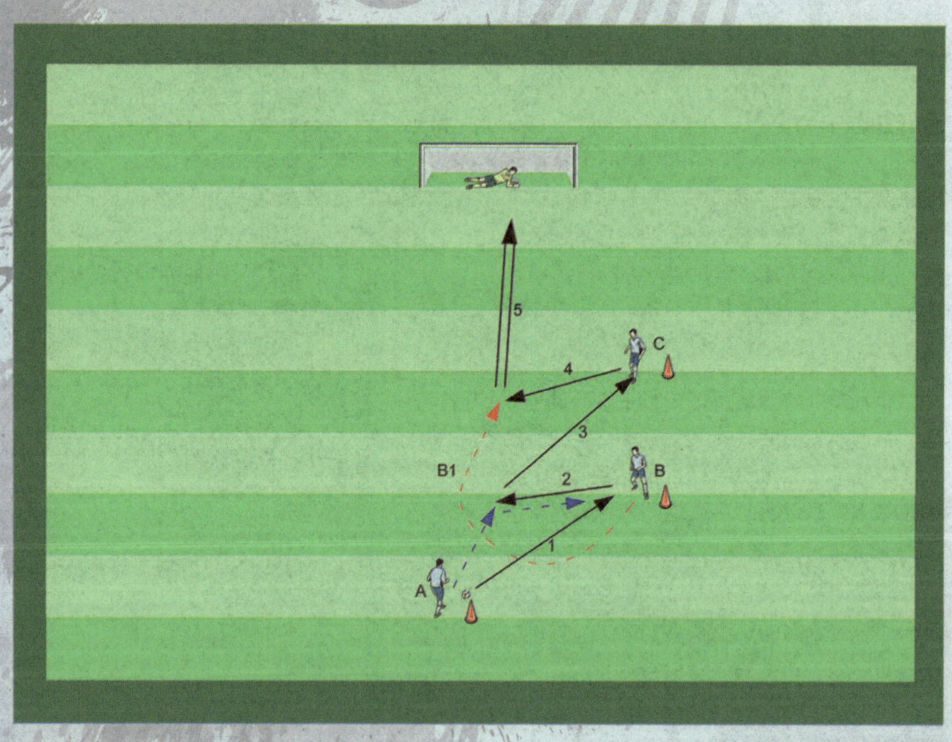

42 以转身传球方式射门

训练项目

- 球处理技术

训练重点

- 射门

训练要素

特定目标：	推传球、力量、带球的动作速度、进攻打法、速度预判、脚背外侧、基本打法、快速制订决策、动作速度、脚内侧、推传球（内侧）、脚内侧踢球法、跑动中组合球处理技术、反应速度、脚背、香蕉球
年龄层次：	9岁以上
运动水平：	任意
训练形式：	分组
训练架构：	主要/重点方面
目标：	掌握进攻打法、提高个人能力
参训运动员总数量：	4名或4名以上
可参加的运动员：	整支球队
训练场所：	任意
空间要求：	指定比赛场地
时长：	10～20分钟
生理技能：	足球特定耐力、力量
守门员数量：	1名

组织方式

如图所示，设置1个球门和2个开始锥桶。运动员均匀地分散站立在锥桶后面。球队A的运动员带球。

过程

红色运动服的运动员A以长对角球方式将球传到蓝色运动服运动员B的跑动路线上。运动员A开始晃动身体时，运动员B开始跑动并将球回传/长传到红色运动服运动员A的跑动路线上。接着红色运动服运动员A使用凌空抽射方式射门。随后，两名运动员交换球队。

器材 1个标准球门和2个锥桶。

技巧

- 必须在跑动中快速地踢出角度较低的对角开球。这意味着必须使用脚内侧踢球（半脚内侧，半脚背，脚踝往上）。
- 理想的情况下，在跑动中随后进行长传，或者在第一次接球和移动球时进行长传。
- 在完成开球后，运动员A立刻跑向左侧门柱前方的位置。

- 射门时必须注意自身的姿势：上身倾向球；支撑腿与球相距12 ~ 16英寸，脚对着射门的方向，手臂跟着摆动；最靠近射门腿的手臂必须模仿腿部摆动动作（使用右腿射门时，右臂向后摆动，左臂向前摆动），射门时眼睛必须注视着球。
- 凌空抽射时，上身要稍微朝前弯曲。触球点要低（不要太高）。这样踢球的力度会更大且准确性更高。

场地大小 50码×35码。

锥桶的间距

两个开始锥桶的间距：25 ~ 30码。

球门到最近开始锥桶的间距：25 ~ 30码。

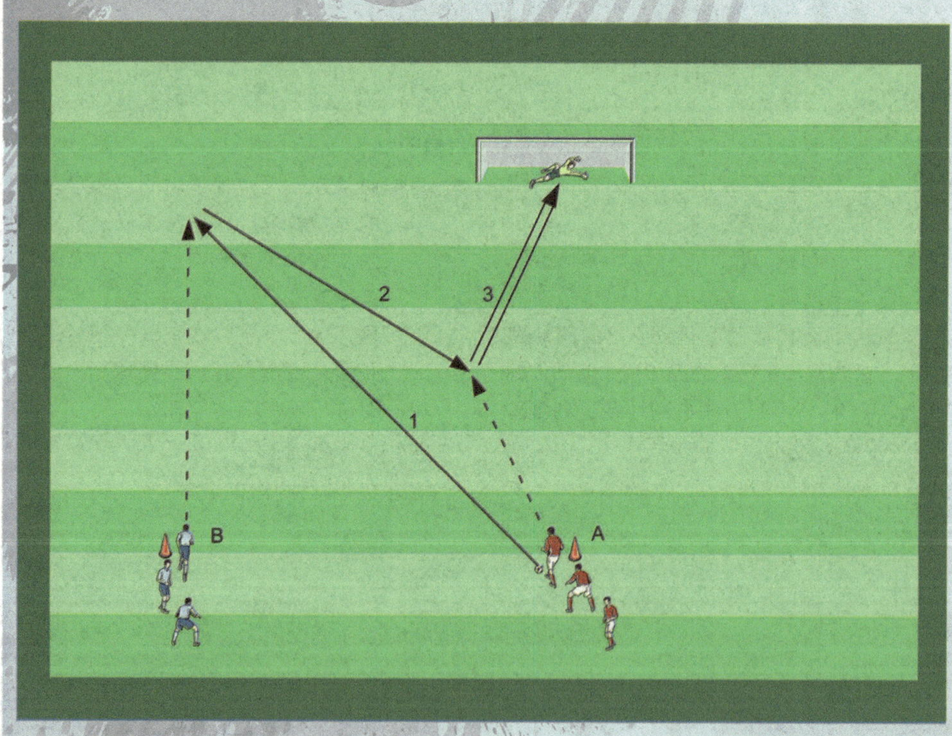

43 以二过一和直传球方式射门

训练项目

- 球处理技术

训练重点

- 射门

训练要素

特定目标：	推传球、力量、带球的动作速度、从中间进攻、速度预判、脚背外侧、直传球打法、快速制订决策、动作速度、脚内侧、推传球（内侧）、脚内侧踢球法、跑动中组合球处理技术、传球经过多个站位、反应速度、脚背、香蕉球
年龄层次：	13岁以上
运动水平：	高级
训练形式：	分组
训练架构：	主要/重点方面
目标：	掌握进攻打法、提高个人能力
参训运动员总数量：	5名或5名以上
可参加的运动员：	整支球队
训练场所：	任意
空间要求：	指定比赛场地
时长：	10～15分钟
生理技能：	足球特定耐力、力量
守门员数量：	1名

组织方式

如图所示，设置1个球门和4个锥桶。每个锥桶的位置各站1名运动员，剩下的运动员带球站在开始锥桶位置。

过程

运动员A向运动员B传球。运动员B直接向运动员C传球，运动员C将球踢回到运动员D的跑动路线上，接着运动员D射门。前面的运动员开始晃动身体准备传球前，运动员开始反方向的跑动动作。运动员按照顺时针方向更换位置。

器材 1个标准球门和4个锥桶。

技巧

- 运动员开始晃动身体时，将球踢回的运动员会做出轻微的反向移动，然后小步跑向球。
- 运动员必须使用能力较强的脚向将球踢回的运动员传球。
- 射门时必须注意自身的姿势：上身倾向球；支撑腿与球相距12 ~ 16英寸，脚对着射门的方向，手臂跟着摆动；最靠近射门腿的手臂必须模仿腿部摆动动作（使用右腿射门时，右臂向后摆动，左臂向前摆动），射门时眼睛必须注视着球。

- 训练使用左右脚交替射门。
- 必须在适当的位置（按照教练的要求）练习不同的射门技术（脚内侧踢球、脚背踢球或香蕉球）。

场地大小 50码×35码。

锥桶的间距

球门到最近锥桶的间距：15码。

4个锥桶的间距：均为20码。

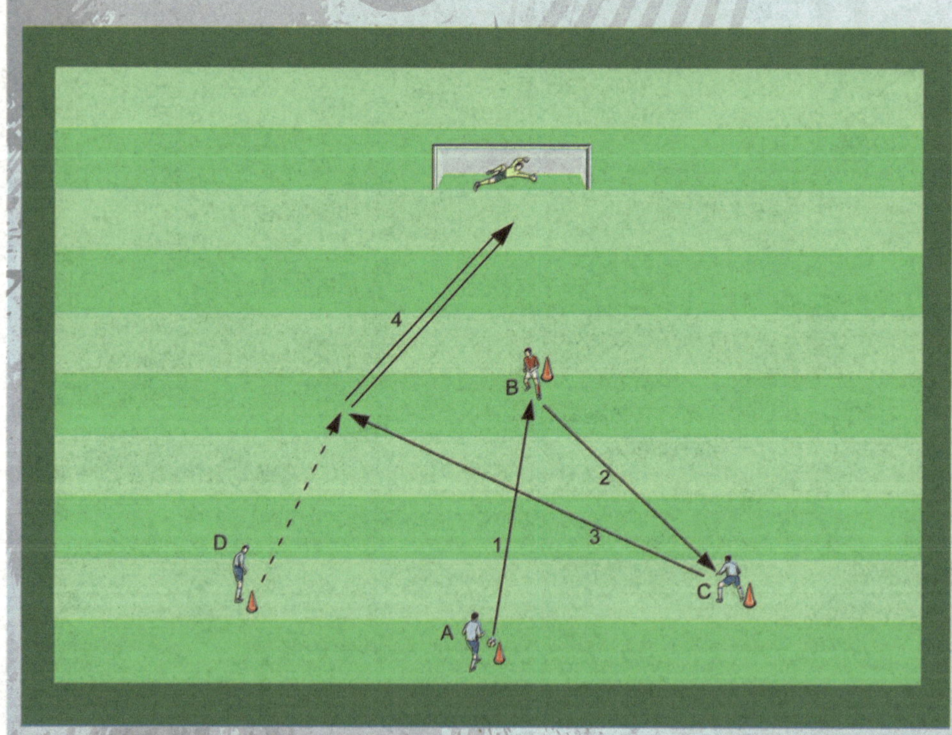

44 传球后成功射门

训练项目

- 球处理技术

训练重点

- 射门

训练要素

特定目标：	推传球、力量、带球的动作速度、速度预判、直接传球打法、快速制订决策、脚内侧、推传球（内侧）、脚内侧踢球法、跑动中组合球处理技术、反应速度、脚背、香蕉球
年龄层次：	6岁以上
运动水平：	任意
训练形式：	分组
训练架构：	主要/重点方面
目标：	提高个人能力
参训运动员总数量：	4名或4名以上
可参加的运动员：	整支球队
训练场所：	任意
空间要求：	指定比赛场地
时长：	10～15分钟
生理技能：	足球特定耐力、力量
守门员数量：	1名

组织方式

如图所示，设置1个球门和3个锥桶。中间2个锥桶位置各站1名运动员。剩下的运动员站在开始锥桶的位置。站在开始锥桶的运动员带1个球。

过程

运动员A将球传给运动员C。运动员C让球反弹到运动员B的跑动路线上。运动员B射门。运动员C站到运动员A出发队伍的后面。运动员A站到运动员B的位置，运动员B跑到运动员C的位置。

器材 1个标准球门和3个锥桶。

技巧

- 运动员A开始晃动身体时，运动员C做出相反的动作并小步跑向反弹的球。
- 运动员C开始传球时，运动员B开始沿着自己的跑动路线跑动。
- 运动员必须使用能力较强的脚向将球踢回的运动员传球。
- 传球比赛必须紧凑且有力度。
- 射门时必须注意自身的姿势：上身倾向球；支撑腿与球相距12～16英寸，脚对着射门的方向，手臂跟着摆动；最靠近射门腿的手臂必须模仿腿部摆动动作（使用右腿射门时，右臂向后摆动，左臂向前摆动），射门时眼睛必须注视着球。

- 训练使用左右脚交替射门。
- 必须在适当的位置（按照教练的要求）练习不同的射门技术（脚内侧踢球、脚背踢球或香蕉球）。

场地大小 35码×25码。

锥桶的间距

球门到最近锥桶的间距：10 ~ 18码。

3个锥桶的间距：均为8码。

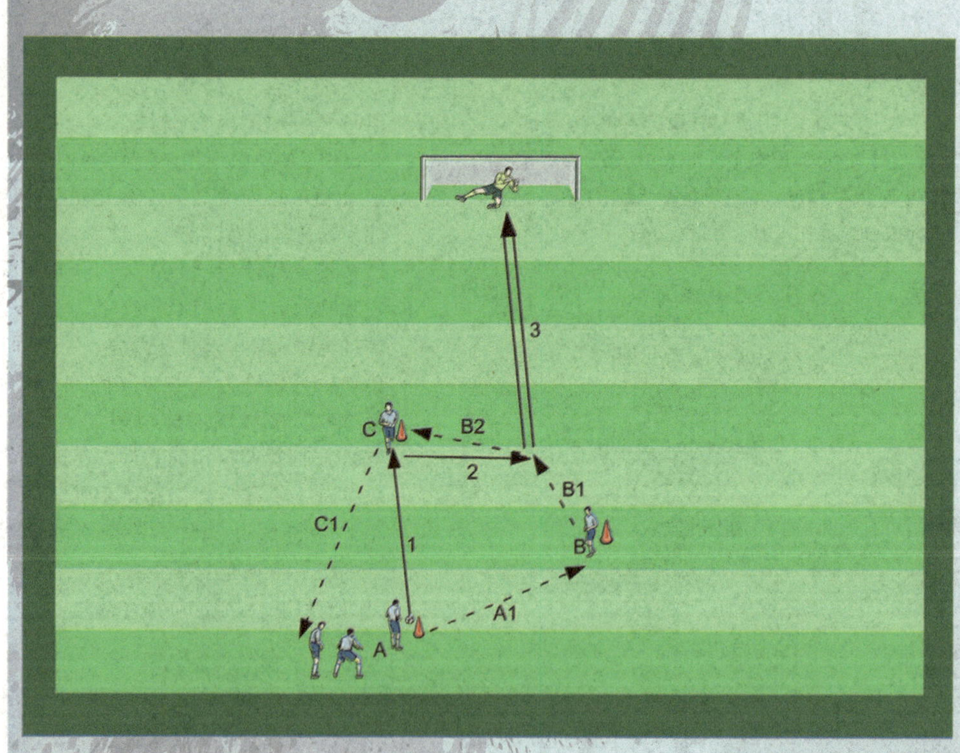

45 接力传球后射门

训练项目

- 球处理技术

训练重点

- 射门

训练要素

特定目标：	推传球、力量、带球的动作速度、速度预判、直接传球打法、快速制订决策、推传球（内侧）、脚内侧踢球法、跑动中组合球处理技术、反应速度、脚背、香蕉球
年龄层次：	6岁以上
运动水平：	任意
训练形式：	分组
训练架构：	主要/重点方面
目标：	提高个人能力
参训运动员总数量：	4名或4名以上
可参加的运动员：	整支球队
训练场所：	任意
空间要求：	指定比赛场地
时长：	10~15分钟
生理技能：	足球特定耐力、力量
守门员数量：	1名

组织方式

如图所示，设置1个球门和3个锥桶。中间2个锥桶站1名运动员。剩下的运动员站在开始锥桶位置。站在开始锥桶位置的运动员带球。

过程

运动员A将球传给运动员B。运动员B直接将球传给运动员C，运动员C射门。随后，运动员按照顺时针防线更换位置（A→B/B→C/C→A）。

器材 1个标准球门和3个锥桶。

技巧

- 必须将球传到将球踢回的运动员能力较强的那只脚。
- 接球的运动员必须在每次传球前做出反方向的动作。
- 传球比赛必须紧凑且有力度。
- 射门时必须注意自身的姿势：上身倾向球；支撑腿与球相距12 ~ 16英寸，脚对着射门的方向，手臂跟着摆动；最靠近射门腿的手臂必须模仿腿部摆动动作（使用右腿射门时，右臂向后摆动，左臂向前摆动），射门时眼睛必须注视着球。

- 训练使用左右脚交替射门。
- 必须在适当的位置（按照教练的要求）练习不同的射门技术（脚内侧踢球、脚背踢球或香蕉球）。
- 射门的运动员必须在锥桶前面反向运动时直接射门。

场地大小 40码×30码。

锥桶的间距

球门到最近锥桶的间距：10 ~ 18码。

3个锥桶的间距：8码。

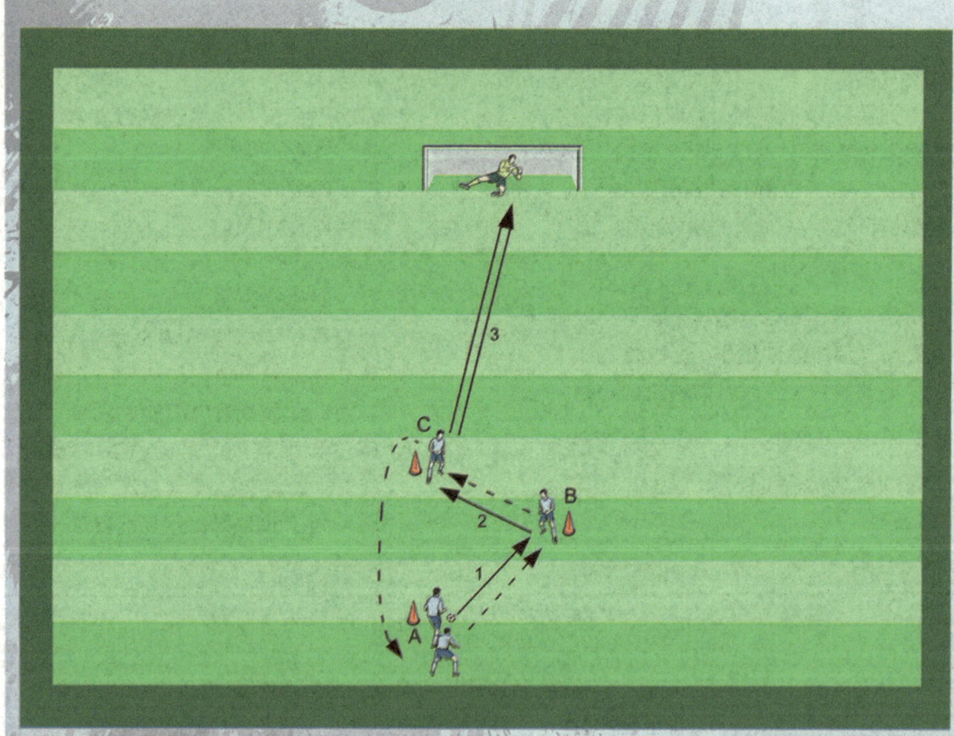

46 二过一和长传后射门

训练项目

- 球处理技术

训练重点

- 射门

训练要素

特定目标：	推传球、力量、带球的动作速度、速度预判、直接传球打法、二过一、快速制订决策、脚内侧、推传球（内侧）、脚内侧踢球法、跑动中组合球处理技术、短传、快速传给前锋、脚背、感知速度、香蕉球
年龄层次：	9岁以上
运动水平：	高级
训练形式：	由2～6名运动员组成的小组
训练架构：	主要/重点方面
目标：	掌握进攻打法、提高个人能力
参训运动员总数量：	4名或4名以上
可参加的运动员：	整支球队
训练场所：	任意
空间要求：	指定比赛场地
时长：	10～15分钟
生理技能：	足球特定耐力、力量
守门员数量：	1名

组织方式

如图所示，设置1个球门，1个将球踢回者所在的锥桶位置和1个开始锥桶。1名运动员站在将球踢回者所在的锥桶位置上，其他的运动员带球列队站在开始锥桶位置。

过程

运动员A与运动员B一起完成二过一传球，接着运动员B将球传到运动员A的跑动路线上（如图所示）。接下来，运动员A踢出1个长球，运动员B追到球并射门。在完成动作后，运动员A站到运动员B的开始位置上，而运动员B则站到开始锥桶位置。

器材 1个标准球门和2个锥桶。

技巧

- 必须将球传到将球踢回的运动员能力较强的那只脚。
- 在运动员A开始晃动身体时，运动员B做出相反的动作，接着小步跑向反弹的球。
- 传球比赛必须紧凑且有力度。
- 必须计算长传的时间，这样接球运动员才可以在靠近罚球区前接到传球。
- 射门时必须注意自身的姿势：上身倾向球；支撑腿与球相距12～16英寸，脚对着射门的方向，手臂跟着摆动；最靠近射门腿的手臂必须模仿腿部摆动动作（使用右腿射门时，右臂向后摆动，左臂向前摆动），射门时眼睛必须注视着球。

- 训练使用左右脚射门。
- 必须在适当的位置（按照教练的要求）练习不同的射门技术（脚内侧踢球、脚背踢球或香蕉球）。

场地大小　50码×35码。

锥桶的间距

球门到最近锥桶的间距：16～20码。

2个锥桶的间距：10码。

（锥桶之间的间距可因运动员年龄的不同而有所不同。）

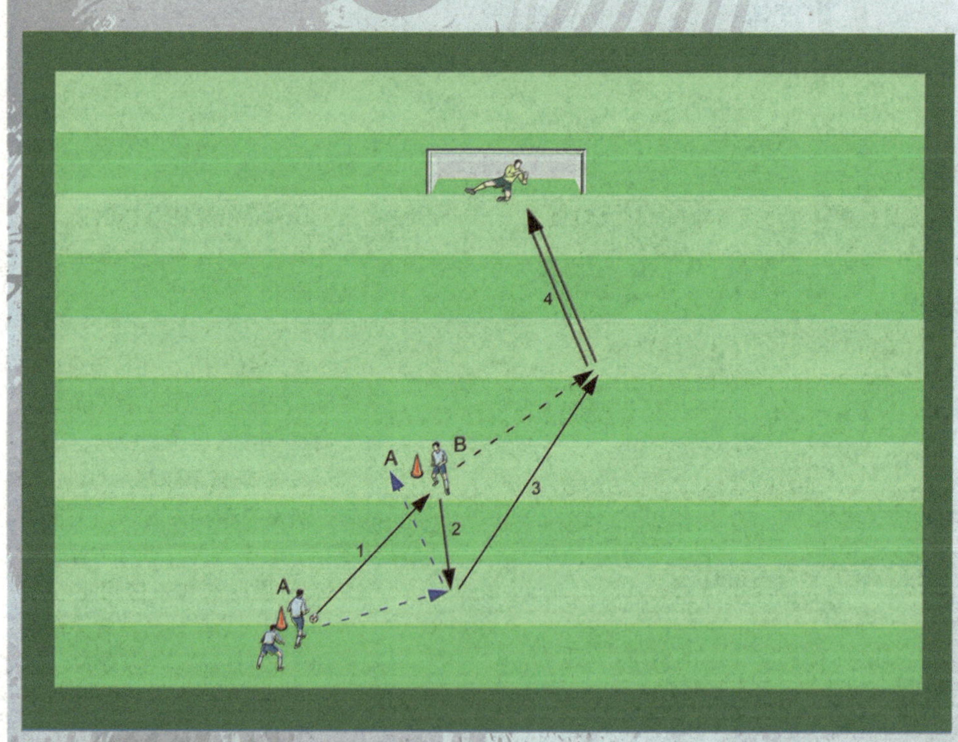

47 接力传球后射门

训练项目

- 球处理技术

训练重点

- 射门

训练要素

特定目标:	推传球、力量、带球的动作速度、速度预判、脚背外侧、带球跑动、直接传球打法、快速制订决策、脚内侧、推传球（内侧）、脚内侧踢球法、跑动中组合球处理技术、短传、长传、传球经过多个站位、反应速度、脚背、香蕉球
年龄层次:	13岁以上
运动水平:	高级
训练形式:	分组
训练架构:	主要/重点方面
目标:	提高个人能力
参训运动员总数量:	6名或6名以上
可参加的运动员:	整支球队
训练场所:	任意
空间要求:	半场
时长:	10~20分钟
生理技能:	足球特定耐力、速度耐力、力量
守门员数量:	1名

组织方式

如图所示，设置1个球门和3个锥桶（A—C）。1名运动员站在球门前锥桶位置，其他的运动员均匀地分散站在2个开始锥桶后面。运动员A带球。

过程

运动员A向运动员B踢出1个直线高球。运动员B与运动员C一起完成二过一传球，接着使用运动员C传过来的球射门。之后，运动员A站到运动员B的开始位置而运动员B站到运动员C的位置上，运动员C站到运动员A的开始位置上。

选择方式

在第一个步骤将球传给运动员C前，运动员B要接住运动员A所踢的高飞球并利用该球射门。

器材 1个标准球门和3个锥桶。

技巧

- 运动员A开始晃动身体时，运动员B要做出相反动作，接着小步跑向球以便将球踢回。运动员B开始摆动身体时，运动员C也一样跑向球以便将球踢回。
- 传球比赛必须紧凑且有力度。
- 必须使用脚内侧踢球、部分脚内侧和部分脚背（直线轨道）踢高飞球（A）。这种传球类型可以实现更快的传球速度。

- 胸部停球时，重点是要将球稍微朝运动员C的方向转移。
- 射门时必须注意自身的姿势：上身倾向球；支撑腿与球相距12 ~ 16英寸，脚对着射门的方向，手臂跟着摆动；最靠近射门腿的手臂必须模仿腿部摆动动作（使用右腿射门时，右臂向后摆动，左臂向前摆动），射门时眼睛必须注视着球。
- 训练使用左右脚射门。
- 必须在适当的位置（按照教练的要求）练习不同的射门技术（脚内侧踢球、脚背踢球或香蕉球）。

场地大小 半场。

锥桶的间距

右球门柱到球门右侧开始锥桶的间距：10 ~ 30码。

2个开始锥桶的间距：30 ~ 50码。

运动员B的开始位置锥桶到球门前锥桶的间距：15 ~ 35码。

（锥桶之间的间距可因运动员年龄的不同而有所不同。）

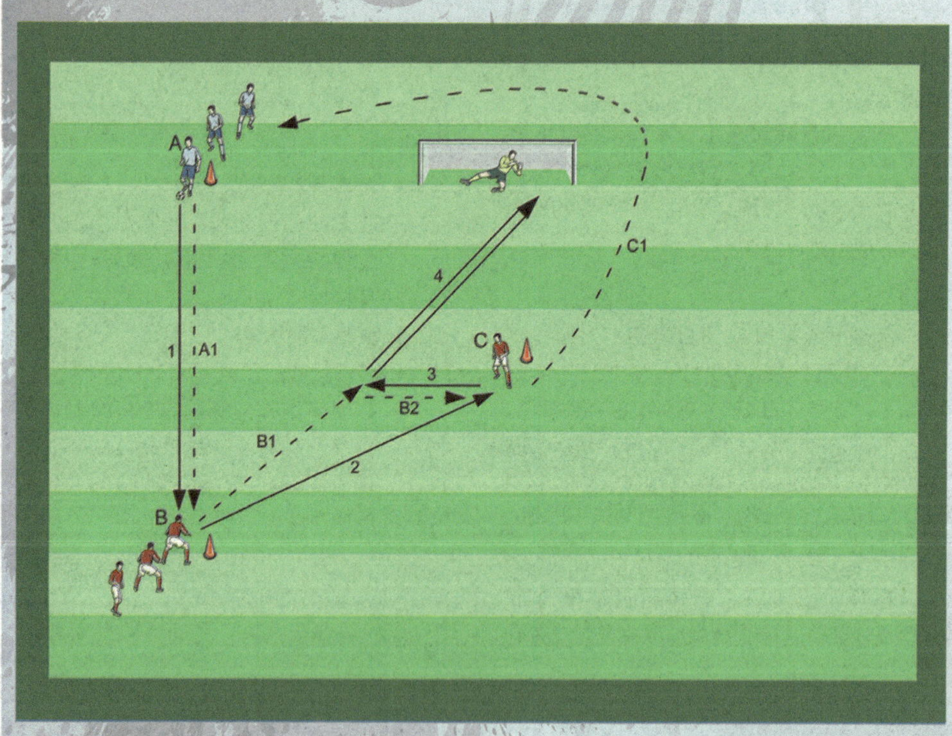

48 传球组合叠加式跑动和成功射门

训练项目

- 球处理技术

训练重点

- 射门

训练要素

特定目标:	推传球、力量、带球的动作速度、进攻打法、速度预判、脚背外侧控球、不带球时跑动的速度、直接传球打法、快速制订决策、叠加式跑动、脚内侧、推传球（内侧）、脚内侧踢球、跑动中组合球处理技术、跑动中使用头球、短传、长传、传球经过多个站位、凌空抽射、脚背、感知速度、香蕉球
年龄层次:	13岁以上
运动水平:	高级
训练形式:	分组
训练架构:	主要/重点方面
目标:	掌握进攻打法、提高个人能力
参训运动员总数量:	6名或6名以上
可参加的运动员:	整支球队
训练场所:	任意
空间要求:	指定比赛场地
时长:	10~15分钟
生理技能:	足球特定耐力、速度耐力、力量
守门员数量:	1名

组织方式

设置1个球门和5个锥桶。锥桶I和锥桶II是定向锥桶。运动员均匀地分散站在剩下的3个开始锥桶位置。运动员A带球。

过程

运动员A向运动员C传球开始训练。在传球时，运动员B从自己的锥桶位置跑向锥桶II。运动员A向锥桶I的方向开始跑动并与运动员B进行叠加式跑动。现在运动员C将运动员A传过来的球传到运动员B的跑动路线上。运动员B跑到接近锥桶II的位置时，运动员B斜对着锥桶I传球。运动员A将运动员B传过来的球以长传方式踢进罚球区时，运动员B和运动员C朝球门交叉跑动以便利用传球。射门后，运动员顺时针交换锥桶位置（A→B；B→C；C→A）。

器材 1个标准球门和5个锥桶。

技巧

- 开球时必须将球踢给运动员C能力较强的那只脚。
- 运动员A开始晃动身体时，运动员C要做出相反的动作，接着小步跑向球。

- 传球比赛必须紧凑且有力度。
- 必须计算向锥桶Ⅰ长传的时间，这样运动员A才可以在跑到锥桶时传球。运动员A在锥桶Ⅱ的方向时也要按照这种方式传球。
- 根据球被踢进禁区的方式（低传、中高或空中横传）决定训练结束方式。无论如何必须使用凌空抽射方式。
- 如果训练以射门结束，那么以下姿势很重要：上身倾向球；支撑腿与球相距12～16英寸，脚对着射门的方向，手臂跟着摆动；最靠近射门腿的手臂必须模仿腿部摆动动作（使用右腿射门时，右臂向后摆动，左臂向前摆动）；射门时眼睛必须注视着球。
- 使用前额完成头球。
- 头球时，颈部不是向一侧而是向前移动。
- 在推头球时，头部从直立位置向一侧偏移45°。
- 弓背（弓的张力）可以聚集冲力。
- 眼睛注视着球；头球时，眼睛要闭上（这是一个自然的反射，是无法改变的）。
- 弯曲手肘，双手（一般是拳头）朝上以便积蓄冲力。

场地大小 50码×35码。

锥桶的间距

右球门柱到锥桶Ⅰ的间距：20码，且距离底线5码。

球门到锥桶Ⅱ的间距：10～15码。

锥桶Ⅱ到左侧开始锥桶的间距：5～10码。

3个开始锥桶的间距：5～10码。

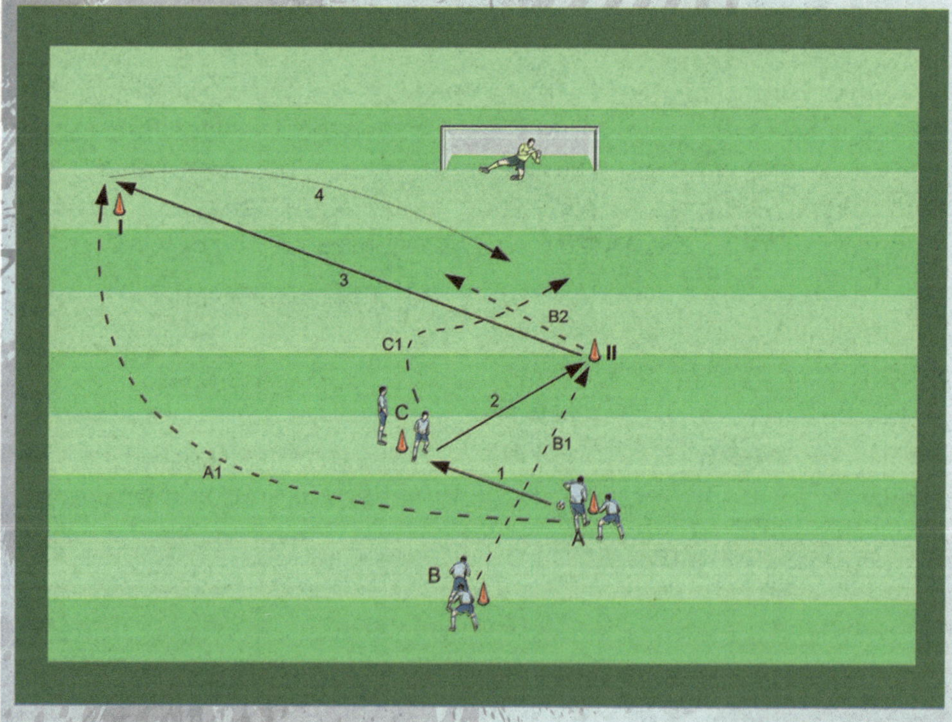

49 以叠加式跑动、横传、交叉跑动和成功完结方式向两个球门射门

训练项目
- 球处理技术

训练重点
- 射门

训练要素

特定目标：	推传球、力量、带球的动作速度、速度预判、脚背外侧、带球跑动、不带球时跑动的速度、二过一、快速制订决策、在没有对手防守时的侧翼打法、动作速度、交叉跑动、脚内侧、推传球（内侧）、脚内侧踢球法、跑动中组合球处理技术、跑动中使用头球、身体假动作、反应速度、凌空抽射、脚背、香蕉球
年龄层次：	13岁以上
运动水平：	高级
训练形式：	分组
训练架构：	主要/重点方面
目标：	掌握进攻打法、提高个人能力
参训运动员总数量：	8名或8名以上
可参加的运动员：	整支球队
训练场所：	任意
空间要求：	半场
时长：	15～30分钟
生理技能：	足球特定耐力、速度、速度耐力
守门员数量：	2名

组织方式

如图所示，使用4个标志盘标识场地。在两侧各设1个球门，同时在每个球门的一侧放置1个开始锥桶。组织2支球队（蓝队/红队）。两支球队的运动员（带球）站在开始锥桶位置，同时球员配对分站在场地上。

过程

以红队为例

运动员A向运动员B传出低球开始训练，运动员B在接球后向内侧转身并快速小跑运球。在传球后，运动员A立刻快速朝对面底线方向跑动。现在，运动员B将球传到运动员A的跑动路线上，同时与运动员C一起跑进禁区。运动员A在接球后向球门前进行横传。运动员B和运动员C一起交叉跑动，同时尝试利用横传过来的球。运动员可以在场地的另一侧按照相同的跑动方式和传球路线练习。

场地上的两个位置配备了两名运动员。在完成一个回合的训练后，运动员跑到下一个位置（A→B；B→C；C→A）。

器材 2个标准球门、2个锥桶和4个标志盘。

技巧

- 开球时，必须将球传给运动员B能力较强的那只脚。
- 运动员A开始晃动身体时，运动员B要做出相反的动作，接着小步跑向球。
- 传球比赛必须紧凑且有力度。
- 转身接球必须是一个流畅的动作，同时还必须使用脚内侧和外侧完成转身接球。
- 运动员在运球时必须靠近球，同时在开始运球时必须具备爆发力。
- 必须计算向运动员A长传的时间，这样运动员才可以在跑到底线前完成横传。
- 根据球被踢进禁区的方式（低传、中高或高空横传）决定训练结束方式。不管如何必须使用凌空抽射方式来射门。
- 如果训练以射门结束，那么以下姿势很重要：上身倾向球；支撑腿与球相距12 ~ 16英寸，脚对着射门的方向，手臂跟着摆动；最靠近射门腿的手臂必须模仿腿部摆动动作（使用右腿射门时，右臂向后摆动，左臂向前摆动）；射门时眼睛必须注视着球。

场地大小 45码×30码。

锥桶的间距

使用标志盘标志场地：根据运动员年龄的不同而有所不同。

右球门柱到开始锥桶的间距：15码。

球门与运动员C的间距：10码。

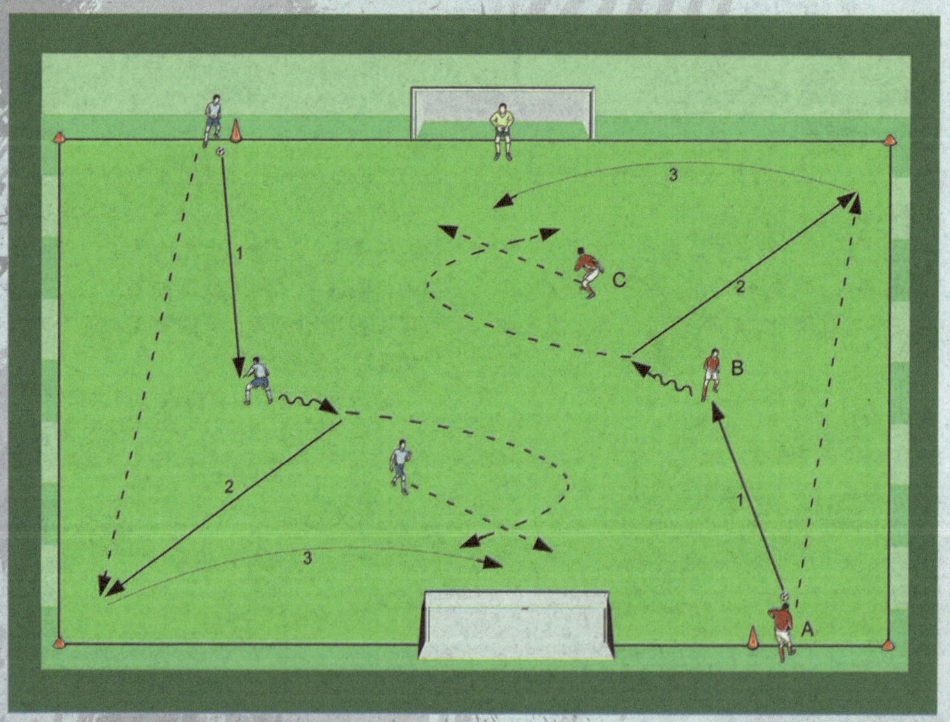

50 横传后向两个球门射门

训练项目

- 球处理技术

训练重点

- 射门

训练要素

特定目标：	推传球、力量、带球的动作速度、速度预判、脚背外侧、带球跑动、直接传球打法、快速制订决策、脚内侧、推传球（内侧）、脚内侧踢球法、跑动中组合球处理技术、跑动中使用头球、短传、长传、反应速度、侧翼打法、凌空抽射、脚背、香蕉球
年龄层次：	13岁以上
运动水平：	高级、专业级别
训练形式：	分组
训练架构：	主要/重点方面
目标：	掌握进攻打法、提高个人能力
参训运动员总数量：	7名或7名以上
可参加的运动员：	整支球队
训练场所：	任意
空间要求：	指定比赛场地
时长：	15~25分钟
生理技能：	足球特定耐力、速度耐力、力量
守门员数量：	2名

组织方式

如图所示，使用4个锥桶标识场地。在两侧各设1个球门。运动员均匀地分散在球门一侧的4个位置。1名运动员站在场地中间。

过程

运动员A向中间将球踢回的运动员踢出一个低传，接着斜对着跑到中场的位置I。将球踢回的运动员将球传给运动员B。接着，运动员B直接将球传到运动员A的跑动路线上，同时快速朝禁区方向跑动。同时，他尝试在跑动中使用运动员A横传过来的球射门。在另一边按照相同的跑动方式和传球路线完成训练。在完成每个动作后，运动员到与自己的位置相对的位置列队站立。经常更换将球踢回的运动员。

器材 2个标准球门和4个锥桶。

技巧

- 运动员必须使用能力较强的脚向将球踢回的运动员传球。
- 运动员A开始晃动身体时，将球踢回的运动员要做出相反的动作，接着小步跑向球。

- 传球比赛必须紧凑且有力度。
- 运动员B以对角球方式将球踢到运动员A的跑动路线上。必须使用脚内侧（半脚内侧、半脚背）踢出对角低球。
- 运动员A全速跑动时接住球并将球直接横传给向前跑动的运动员B。

场地大小 35码×25码。

锥桶的间距

使用锥桶标识场地大小：宽度35码、长度25码。

运动员定位A—B的间距：25码。

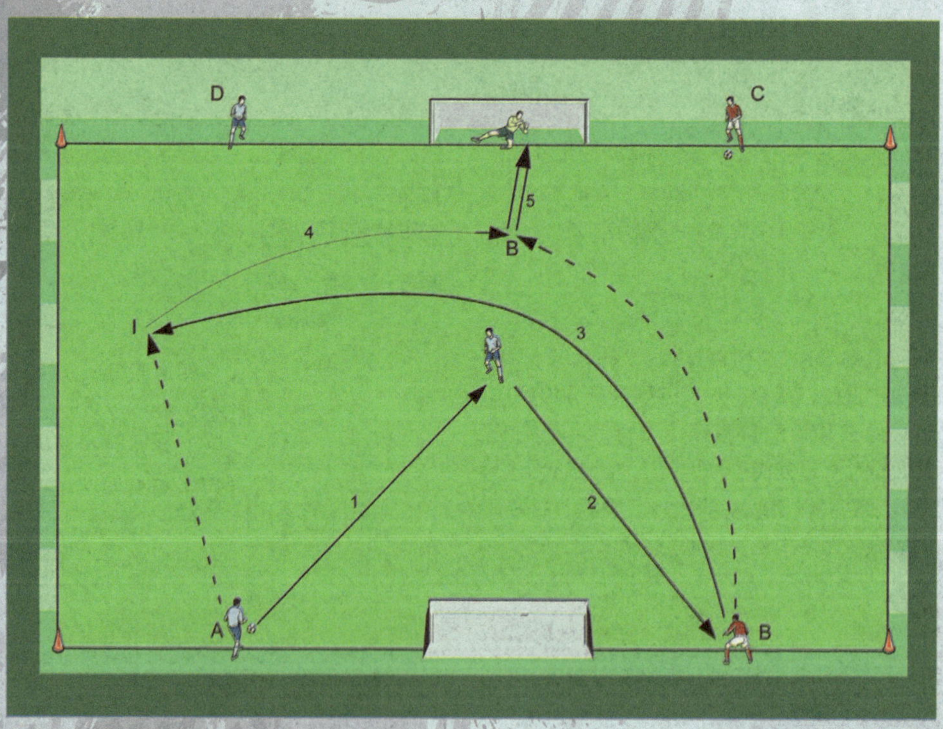

51 以叠加式跑动、运球、横传和成功完结方式向两个球门射门

训练项目

- 球处理技术

训练重点

- 射门

训练要素

特定目标：	推传球、力量、带球的动作速度、进攻打法、速度预判、脚背外侧、接球和带球跑动、不带球时跑动的速度、运球、快速制订决策、在没有对手防守时的侧翼打法、动作速度、交叉跑动、脚内侧、推传球（内侧）、脚内侧踢球法、跑动中组合球处理技术、跑动中使用头球、短传、长传、反应速度、凌空抽射、脚背、香蕉球
年龄层次：	13岁以上
运动水平：	高级
训练形式：	团队
训练架构：	主要/重点方面
目标：	掌握进攻打法、提高个人能力
参训运动员总数量：	6名或6名以上
可参加的运动员：	整支球队
训练场所：	任意
空间要求：	指定比赛场地
时长：	15~25分钟
生理技能：	足球特定耐力、速度耐力、力量
守门员数量：	2名

组织方式

如图所示，使用4个锥桶标识场地。在场地两侧分别设置1个球门。组织2支球队（蓝色/红色）。2支球队分别站在两边的球门两侧位置。蓝队的运动员A和对面的红队运动员都带球。在场地中间有1个额外的锥桶。

过程

运动员A向运动员B的跑动路线上踢出1个对角平传来开始训练。运动员A从底线跑向运动员B。运动员B停住球并朝中间锥桶方向运球，接着再将球传到运动员A的跑动路线上。然后，运动员B跑到禁区里尝试利用运动员A横传的球进行射门。

在按顺序完成训练后，2名运动员都跑到他们进攻的球门后面，同时与红队的球员列队站立。现在，红队开始按照相同的跑动方式和传球路线训练。

器材 2个标准球门和5个锥桶。

技巧

- 必须计算运动员A开球的时间，这样运动员B才可以在短暂冲刺后接住球。
- 在运球时，必须尽量靠近球和快速跑动。
- 必须计算向运动员A对角长传的时间，这样运动员才可以在跑到底线前完成横传。
- 运动员B站在与禁区水平的位置等待运动员A晃动身体进行横传。只有这样，他才可以跑进禁区射门结束训练。
- 根据球被踢进禁区的方式（低传、中高/高空横传）决定训练结束方式。不管如何必须使用凌空抽射方式来射门。
- 如果训练以射门结束，那么以下姿势很重要：上身倾向球；支撑腿与球相距12 ~ 16英寸，脚对着射门的方向，手臂跟着摆动；最靠近射门腿的手臂必须模仿腿部摆动动作，另一只手臂朝前摆动；射门时眼睛必须注视着球。

场地大小 40码×30码。

锥桶的间距

使用锥桶标识场地大小：宽度40码、长度30码。

球门到中间定位锥桶的间距：15码。

球门柱到开始位置运动员的间距：10码。

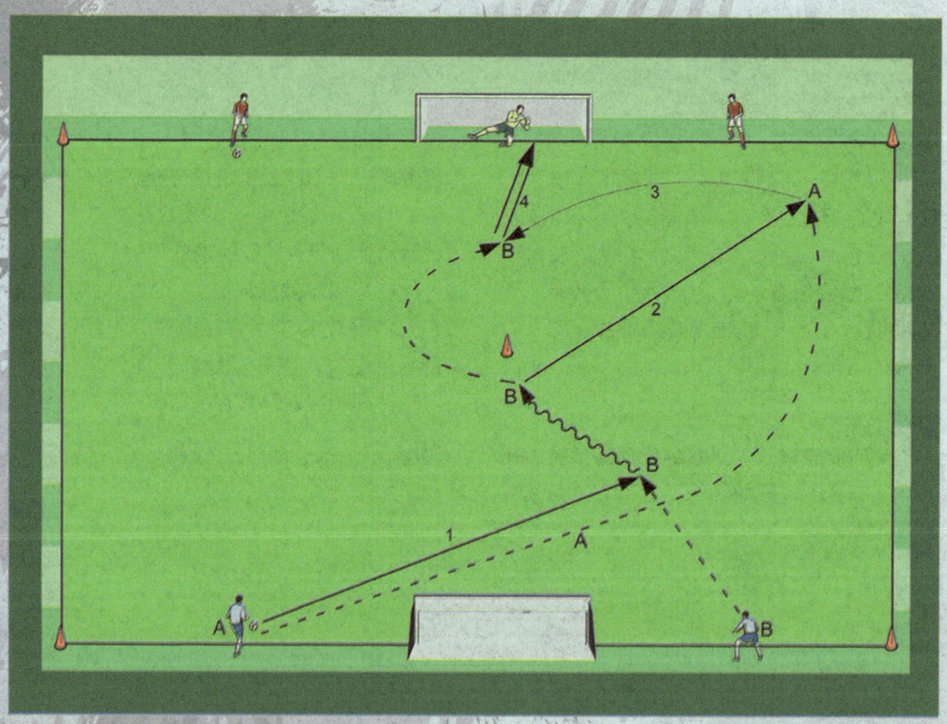

52 长传后射门

训练项目

- 球处理技术

训练重点

- 射门

训练要素

特定目标：	推传球、力量、带球的动作速度、从中间进攻、速度预判、脚背外侧、带球跑动、决策制订的速度、脚内侧、推传球（内侧）、脚内侧踢球法、跑动中组合球处理技术、短传、快速传给前锋、脚背、香蕉球
年龄层次：	6岁以上
运动水平：	任意
训练形式：	分组
训练架构：	主要/重点方面
目标：	提高个人能力
参训运动员总数量：	3名或3名以上
可参加的运动员：	整支球队
训练场所：	任意
空间要求：	指定比赛场地
时长：	10～15分钟
生理技能：	足球特定耐力、速度耐力、力量
守门员数量：	1名

组织方式

如图所示，设置1个球门和2根球杆。运动员均匀地分散站在2根球杆之后。运动员A带球。

过程

运动员A向罚球区区域对角传球。运动员B快速跑向球并控球射门。在每个训练回合结束后，运动员更换位置。

器材 1个标准球门和2根球杆。

技巧

- 必须计算向罚球区域传球的时间，这样运动员才能够以直线快跑的方式接住球。
- 射门时必须注意自身的姿势：上身倾向球；支撑腿与球相距12～16英寸，脚对着射门的方向，手臂跟着摆动；最靠近射门腿的手臂必须模仿腿部摆动动作（使用右腿射门时，右臂向后摆动，左臂向前摆动），射门时眼睛必须注视着球。

- 训练使用左右脚射门。
- 必须在适当的位置（按照教练的要求）练习不同的射门技术（脚内侧踢球、脚背踢球或香蕉球）。
- 传球的运动员开始晃动身体时，接球的运动员开始跑动。

场地大小 半场。

锥桶的间距

球门到球杆的间距：25码。

球杆到球杆的间距：15码。

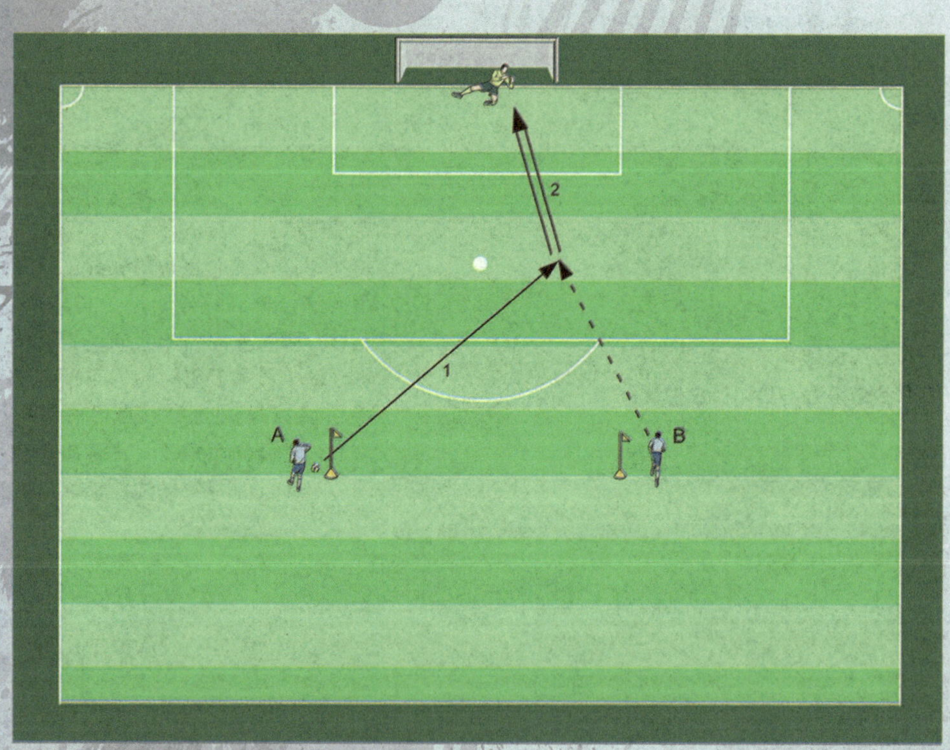

53 以传球游戏和模拟对手方式射门

训练项目

- 球处理技术

训练重点

- 射门

训练要素

特定目标:	推传球、力量、带球的动作速度、从中间进攻、速度预判、脚背外侧、带球跑动、运球、决策制订的速度、动作速度、脚内侧、推传球（内侧）、脚内侧踢球法、跑动中组合球处理技术、身体假动作、快速传给前锋、脚背、香蕉球
年龄层次:	9岁以上
运动水平:	高级
训练形式:	分组
训练架构:	主要/重点方面
目标:	掌握进攻打法、提高个人能力
参训运动员总数量:	3名或3名以上
可参加的运动员:	整支球队
训练场所:	任意
空间要求:	指定比赛场地
时长:	10～15分钟
生理技能:	足球特定耐力、速度耐力、力量
守门员数量:	1名

组织方式

如图所示，设置1个球门、3根球杆和2个开始锥桶。运动员均匀地分散在2个开始锥桶之后。球队A的运动员带球。

过程

运动员A从开始锥桶位置朝两根最近的球杆方向运球。同时，运动员B沿着球杆旁边的跑动路线开始跑动。运动员A到达两根球杆之间时，他进行长传。运动员B跑向罚球区接住球，同时转身直接凌空抽射或者在短暂停球后带球跑动并射门。在每个训练回合结束后，运动员更换位置。

器材 1个标准球门、3根球杆和2个锥桶。

技巧

- 运球必须具备爆发力，同时球必须一直靠近脚。
- 必须计算向罚球区域传球的时间，这样运动员才能够以直线冲刺方式接住球。
- 运动员A开始传球时，运动员B就朝球门方向跑动。
- 以运动员B的跑动路线定向传球是最短的传球距离（不要沿着弧线跑动）。

- 射门时必须注意自身的姿势：上身倾向球；支撑腿与球相距12 ~ 16英寸，脚对着射门的方向，手臂跟着摆动；最靠近射门腿的手臂必须模仿腿部摆动动作（使用右腿射门时，右臂向后摆动，左臂向前摆动），射门时眼睛必须注视着球。
- 训练使用左右脚射门。
- 必须在适当的位置（按照教练的要求）练习不同的射门技术（脚内侧踢球、脚背踢球或香蕉球）。

场地大小 半场。

锥桶的间距

球门到球杆的间距：25码。

开始锥桶A到球杆I的间距：6 ~ 8码。

球杆I到球杆II的间距：10码。

球杆II到球杆III的间距：20码。

开始锥桶B到球杆III的间距：5码。

54 完成传球游戏和连续动作后射门

训练项目

- 球处理技术

训练重点

- 射门

训练要素

特定目标：	推传球、力量、带球的动作速度、进攻打法、速度预判、脚背外侧、带球跑动、直接传球打法、二过一、决策制订的速度、在没有对手时的侧翼打法、动作速度、脚内侧、推传球（内侧）、脚内侧踢球法、跑动中组合球处理技术、跑动中使用头球、反应速度、凌空抽射、脚背、感知速度、香蕉球
年龄层次：	13岁以上
运动水平：	高级
训练形式：	分组
训练架构：	主要/重点方面
目标：	掌握进攻打法、提高个人能力
参训运动员总数量：	5名或5名以上
可参加的运动员：	整支球队
训练场所：	任意
空间要求：	指定比赛场地
时长：	15～25分钟
生理技能：	足球特定耐力、速度耐力、力量
守门员数量：	2名

组织方式

如图所示，设置1个球门，3根球杆和3个开始锥桶。运动员均匀地分散站在开始锥桶之后。运动员A、教练和站在球门旁边的第二名守门员都带球。

过程

运动员A向运动员B传球，接着运动员B向着底线的方向将球回传给运动员A。在完成传球后，运动员B和运动员C朝球门方向交叉跑动，这时运动员A接住运动员B的传球并将球横传到罚球区里。运动员C以射门方式结束训练。接着运动员B必须利用教练或者第二名守门员传过来的球射门。在每个训练回合结束后，运动员更换位置。

器材 1个标准球门、3个锥桶和3根球杆。

技巧

- 运动员A必须将球传给运动员B能力较强的那只脚。

- 运动员B必须计算传球的时间，这样运动员A才能够在底线前面接住球，同时直接将球横传到罚球区里。
- 在运动员B将球传给运动员A后，运动员B和运动员C立刻开始跑动。
- 运动员A开始晃动身体横传时就必须交叉跑动。
- 根据球被踢进禁区的方式（低传、中高/高空横传）决定训练结束方式。不管如何必须使用凌空抽射方式来射门。
- 如果训练以射门结束，那么以下姿势很重要：上身倾向球；支撑腿与球相距12 ~ 16英寸，脚对着射门的方向，手臂跟着摆动；最靠近射门腿的手臂必须模仿腿部摆动动作，另一只手臂朝前摆动；射门时眼睛必须注视着球。

场地大小　半场。

锥桶的间距

球门到球杆的间距：30码。

3个锥桶的间距：15码。

右侧锥桶到球杆I的间距：5码。

球杆I到球杆II的间距：10码。

球杆II到球杆III的间距：15码。

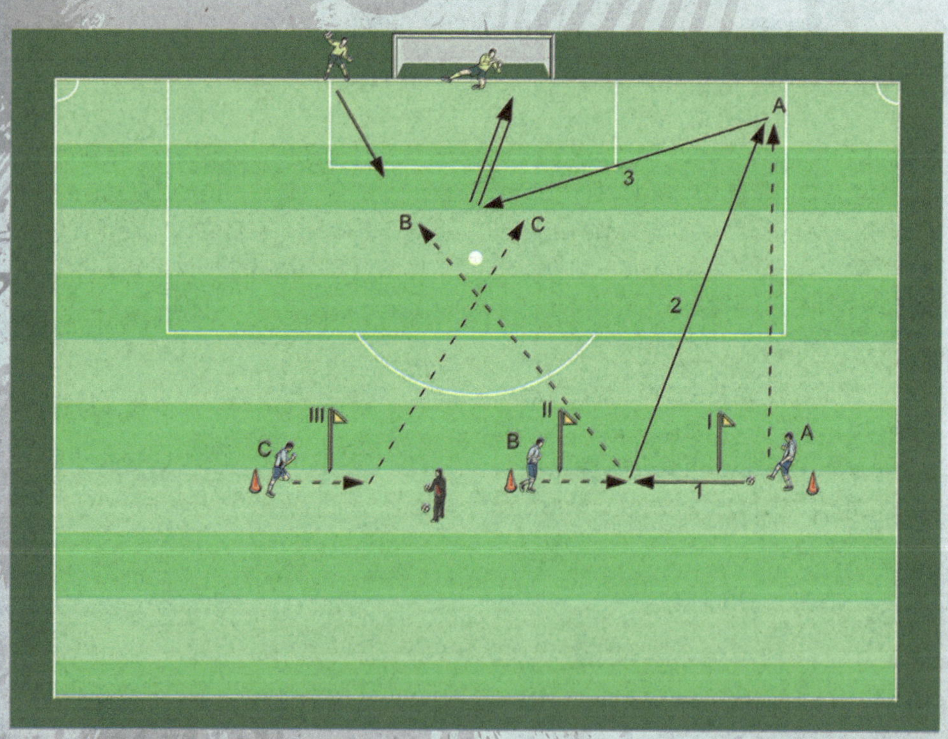

55 组合传球后向两个球门射门

训练项目

- 球处理技术

训练重点

- 射门

训练要素

特定目标：	推传球、力量、带球的动作速度、速度预判、脚背外侧、二过一、决策制订的速度、脚内侧、推传球（内侧）、脚内侧踢球法、跑动中组合球处理技术、反应速度、脚背、香蕉球
年龄层次：	13 岁以上
运动水平：	任意
训练形式：	分组
训练架构：	主要/重点方面
目标：	提高个人能力
参训运动员总数量：	3名或3名以上
可参加的运动员：	整支球队
训练场所：	任意
空间要求：	指定比赛场地
时长：	10～20分钟
生理技能：	足球特定耐力、力量
守门员数量：	2 名

组织方式

使用4个锥桶标识场地和2个相对的球门。运动员均匀地分散站在4个锥桶附近。每对运动员带1个球。

过程

运动员A以长传方式向运动员B传球，接着向球门方向跑动。运动员B将球反弹给运动员A，这样运动员A可以接着射门。在射门后，运动员A跑向运动员B，同时站到运动员B的位置上，而运动员B站到运动员A开始的位置上。运动员在场地两边轮流练习。

器材

2个标准球门和4个锥桶。

技巧

- 长传也可以是线性高飞球或低传。在这两种情况下，最重要的是必须使用脚内侧踢球（接触点是半角内侧、半脚背）。与低传不同的是，脚必须位于球下面更低的位置，而且运动员必须稍微向后倾斜才可以完成高飞球。
- 运动员必须使用能力较强的脚接球和带球跑动。

- 射门时必须注意自身的姿势：上身倾向球；支撑腿与球相距12～16英寸，脚对着射门的方向，手臂跟着摆动；最靠近射门腿的手臂必须模仿腿部摆动动作（使用右腿射门时，右臂向后摆动，左臂向前摆动），射门时眼睛必须注视着球。

场地大小 35码×25码。

锥桶的间距

宽度：35码。

长度：25码（根据运动员年龄而定）。

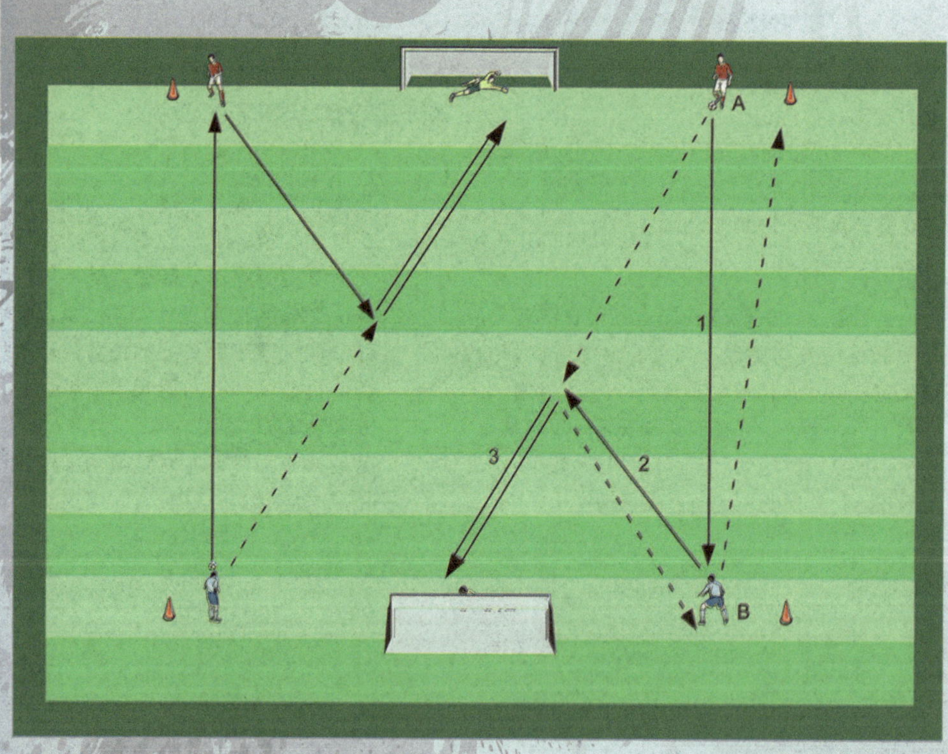

56 对角传球后射门

训练项目

- 球处理技术

训练重点

- 射门

训练要素

特定目标：	推传球、力量、带球的动作速度、速度预判、脚背外侧、带球跑动、直接传球打法、决策制订的速度、动作速度、脚内侧、推传球（内侧）、脚内侧踢球法、跑动中组合球处理技术、反应速度、脚背、香蕉球
年龄层次：	13岁以上
运动水平：	高级、专业级别
训练形式：	团队训练
训练架构：	主要/重点方面
目标：	提高个人能力
参训运动员总数量：	4名或4名以上
可参加的运动员：	整支球队
训练场所：	任意
空间要求：	指定比赛场地
时长：	10～15分钟
生理技能：	足球特定耐力、力量
守门员数量：	1名

组织方式

使用3个锥桶设置场地和1个球门。运动员均匀地分散站在3个锥桶附近。在锥桶站位A和C之间放置数量均等的球。

过程

运动员A向运动员B踢出长传球，运动员B让球斜着反弹到场地中间。运动员C快速跑向球，带球并射门。接下来，运动员按照顺时针方向改变位置。

器材 1个标准球门和3个锥桶。

技巧

- 长传也可以是线性高飞球或低传球。在这两种情况下，最重要的是必须使用脚内侧踢球（接触点是半角内侧、半脚背）。与低传不同的是，脚必须位于球下面更低的位置而且运动员必须稍微向后倾斜才可以完成高飞球。
- 运动员必须使用能力较强的脚接球和带球跑动。
- 传球的运动员开始晃动身体时，接球的运动员就必须做出稍微相反的动作，接着小步跑向球。
- 熟练控球且突然爆发性运球。

- 射门时必须注意自身的姿势：上身倾向球；支撑腿与球相距12 ~ 16英寸，脚对着射门的方向，手臂跟着摆动；最靠近射门腿的手臂必须模仿腿部摆动动作（使用右腿射门时，右臂向后摆动，左臂向前摆动），射门时眼睛必须注视着球。
- 必须在适当的位置（按照教练的要求）练习不同的射门技术（脚内侧踢球、脚背踢球或香蕉球）。

场地大小 40码×35码。

锥桶的间距

宽度/长度：30 ~ 40码。

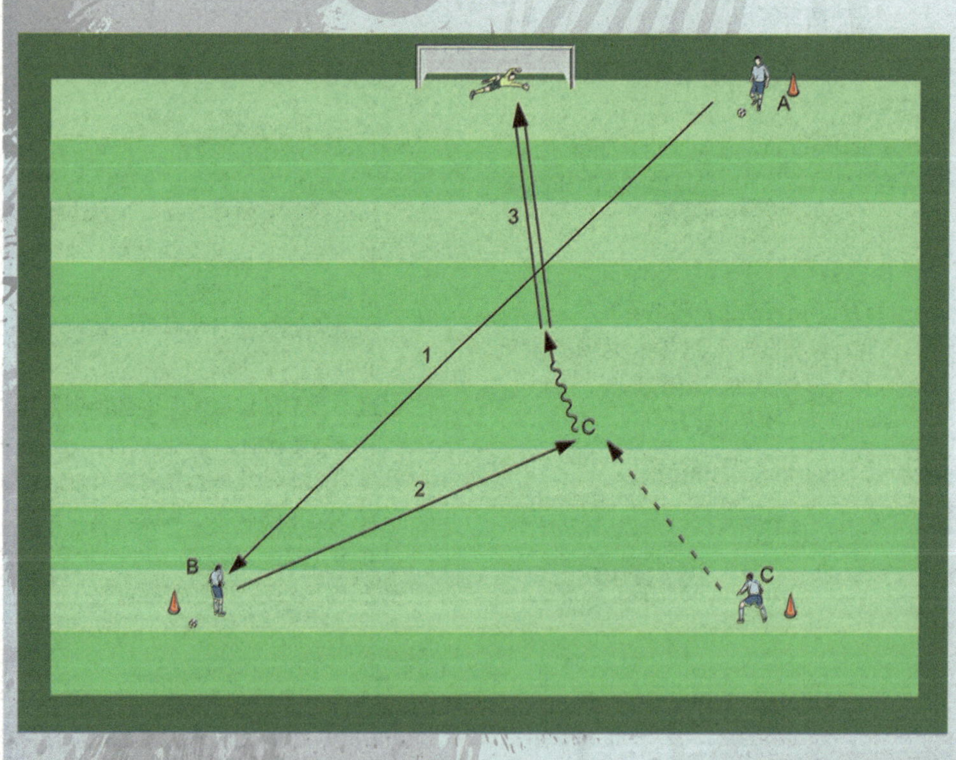

57 接力传球后进行射门比赛

训练项目

- 球处理技术

训练重点

- 射门

训练要素

特定目标：	推传球、力量、带球的动作速度、速度预判、脚背外侧、带球跑动、直接传球打法、运球、决策制订的速度、动作速度、脚内侧、推传球（内侧）、脚内侧踢球法、跑动中组合球处理技术、传球经过多个站位、脚背、香蕉球
年龄层次：	9岁以上
运动水平：	高级
训练形式：	团队训练
训练架构：	热身、主要/重点方面
目标：	趣味训练、提高个人能力
参训运动员总数量：	10名或10名以上
可参加的运动员：	整支球队
训练场所：	任意
空间要求：	指定比赛场地
时长：	10～15分钟
生理技能：	足球特定耐力、力量

组织方式

如图所示，设置2个锥桶路线，在每个路线的底线上都有2个小型球门和锥桶球门。组织2支球队，球员均匀地分散站在2个开始位置锥桶之后。在2个开始位置锥桶放置球。

过程

左侧球队示例

运动员A与运动员B一起完成二过一传球。接着，他将反弹的球斜对着踢到运动员C的跑动路线上，运动员C在运动员A晃动身体时开始从自己的锥桶位置朝锥桶球门的方向跑动。运动员C接球，快速跑动，接着通过锥桶球门向小型球门射门。在完成训练后，按照顺序改变两支球队的站位（A→B，B→C）。计算每支球队成功射门的次数：进行射门比赛。

器材

12个锥桶和2个小型球门。

技巧

- 传球的运动员开始晃动身体时，接球的运动员就必须做出稍微相反的动作，接着小步跑向球。
- 运动员必须使用能力较强的脚接球和带球跑动。
- 必须在锥桶球门前面向运动员C传球。
- 全速接球和带球跑动时，运动员必须靠近球。
- 必须熟练控球且突然爆发性运球。

- 射门时必须注意自身的姿势：上身倾向球；支撑腿与球相距12 ~ 16英寸，脚对着射门的方向，手臂跟着摆动；最靠近射门腿的手臂必须模仿腿部摆动动作（使用右腿射门时，右臂向后摆动，左臂向前摆动），射门时眼睛必须注视着球。
- 快速改变位置以确保训练快速且流畅地进行。

场地大小 50码×35码。

锥桶的间距

开始锥桶到运动员C出发位置锥桶的间距：15 ~ 20码。

运动员B出发位置锥桶到运动员C出发位置锥桶的间距：5 ~ 8码。

小型球门到锥桶球门的间距：15 ~ 25码。

底线到开始锥桶的间距：5码。

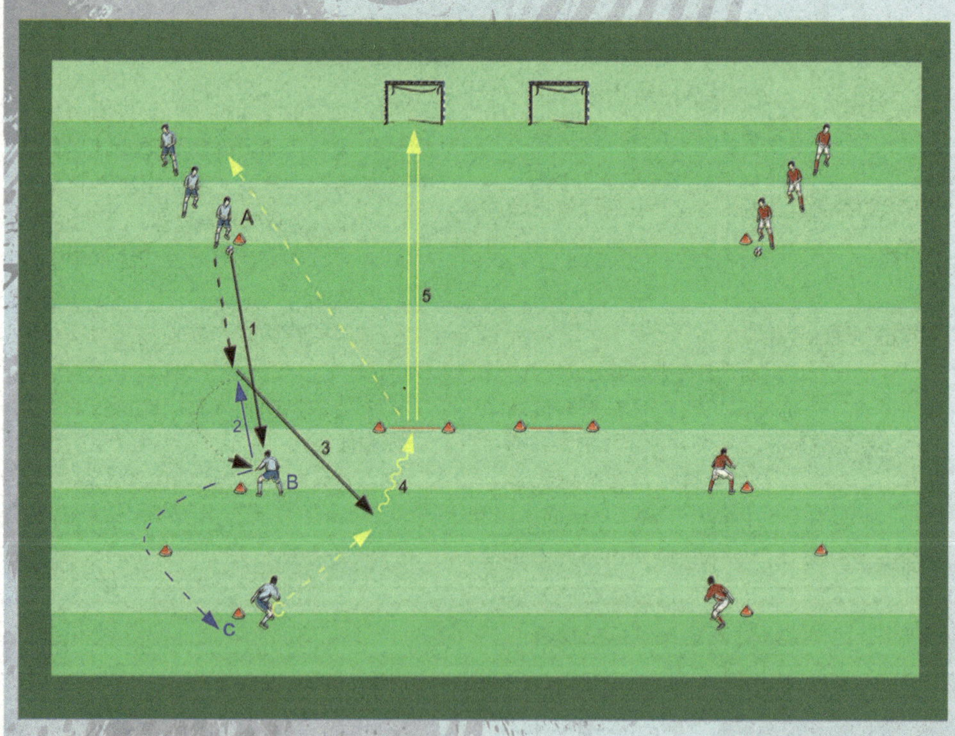

58 在双菱形场地里以成功射门方式进行传球比赛

训练项目

- 球处理技术

训练重点

- 射门

训练要素

特定目标:	推传球、力量、带球的动作速度、从中间进攻、速度预判、直接传球打法、决策制订的速度、动作速度、脚内侧、推传球（内侧）、脚内侧踢球法、跑动中组合球处理技术、短传、传球经过多个站位、脚背、香蕉球
年龄层次:	9岁以上
运动水平:	高级
训练形式:	分组
训练架构:	主要/重点方面
目标:	团队组合、提高个人能力
参训运动员总数量:	8名
可参加的运动员:	整支球队
训练场所:	任意
空间要求:	指定比赛场地
时长:	10～15分钟
生理技能:	足球特定耐力、力量
守门员数量:	1名

组织方式

如图所示，设置1个球门和6个锥桶。2名运动员站在开始位置锥桶。在开始位置锥桶放置球。剩下的锥桶位置各站1名运动员。

过程

运动员A以向运动员B踢出对角球的方式开始传球，运动员B让球反弹给运动员C。运动员C向运动员D踢出对角球，运动员D接着让球反弹给运动员E。最后运动员E使用脚内侧带球绕过运动员D将球传到运动员A的跑动路线上。运动员B在跑动中接球并射门。运动员按照顺时针方向改变位置。在运动员完成射门并到达开始位置后重复训练。但是必须按照逆时针方向训练。

器材 6个锥桶和1个小型球门。

技巧

- 传球的运动员开始晃动身体时，各个接球的运动员都必须做出稍微相反的动作，接着小步跑向球。
- 必须总是将球传给运动员能力较强的那只脚。
- 接球和带球跑动必须是一个流畅的动作。在接球和运球时必须避免球反弹太远或直接偏离跑动路线太远。

- 运动员E开始晃动身体时，运动员A就可以开始快速跑动。
- 射门时必须注意自身的姿势：上身倾向球；支撑腿与球相距12 ~ 16英寸，脚对着射门的方向，手臂跟着摆动；最靠近射门腿的手臂必须模仿腿部摆动动作（使用右腿射门时，右臂向后摆动，左臂向前摆动），射门时眼睛必须注视着球。
- 必须在适当的位置（按照教练的要求）练习不同的射门技术（脚内侧踢球、脚背踢球或香蕉球）。

场地大小 50码×45码。

锥桶的间距

分别为10码。

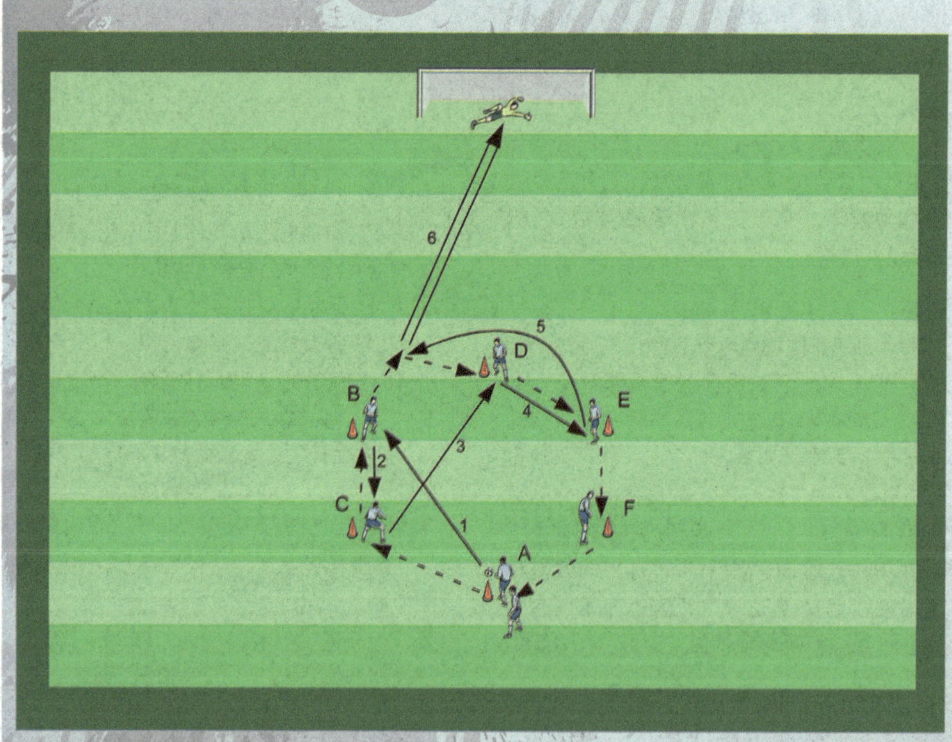

59 组合快速跑动比赛和成功射门的二过一传球

训练项目

- 球处理技术

训练重点

- 射门

训练要素

特定目标:	推传球、力量、带球的动作速度、速度预判、脚外侧、二过一、决策制订的速度、脚内侧、推传球（内侧）、脚内侧踢球法、跑动中组合球处理技术、现场感、脚背、感知速度、香蕉球
年龄层次:	9岁以上
运动水平:	高级
训练形式:	团队训练
训练架构:	主要/重点方面
目标:	趣味训练、提高个人能力
参训运动员总数量:	6名或6名以上
可参加的运动员:	整支球队
训练场所:	任意
空间要求:	指定比赛场地
时长:	15～20分钟
生理技能:	足球特定耐力、速度、力量
守门员数量:	1名

组织方式

如图所示，设置1个球门，2个传球锥桶，2个开始锥桶以及2面旗子。组成2支球队。每支球队的1名运动员分别站在开始锥桶III和锥桶IV的位置，其他运动员列队站在开始锥桶（I和II）的位置。球放在开始锥桶位置，同时教练站在传球锥桶之后位置。

过程

按照教练的命令，站在传球锥桶的红队运动员将球传给站在开始锥桶位置的蓝队运动员。蓝队运动员接着按照教练的命令将球传给传球运动员，同时让球弹回。在完成这些动作后，蓝队运动员立刻绕着球杆快跑，同时尝试抢在其他球队的运动员前利用教练的传球射门。

器材 1个标准球门、4个锥桶和2根球杆。

技巧

- 按照教练的要求，红队运动员在轮到蓝队运动员启动时立刻传球。
- 准确地将球传给蓝队运动员能力较强的那只脚。
- 绕着球杆灵活地转身以及向球爆发性冲刺。
- 绕着球杆跑动时，运动员必须靠近球杆。

- 在拦截抢球时，必须积极使用身体（肩膀接触、使用最靠近球的脚掩护球、在球和对手之间定位身体）。
- 再次加速跑动摆脱对手，同时从最短的路线上射门。
- 可以一脚射门或者在接球后小步带球跑动时射门。
- 射门时必须注意自身的姿势：上身倾向球；支撑腿与球相距12 ~ 16英寸，脚对着射门的方向，手臂跟着摆动；最靠近射门腿的手臂必须模仿腿部摆动动作（使用右腿射门时，右臂向后摆动，左臂向前摆动），射门时眼睛必须注视着球。

场地大小　半场。

锥桶的间距

底线到锥桶I和锥桶II的间距：15码。

底线到锥桶III和锥桶IV的间距：25码。

底线到球杆的间距：30码。

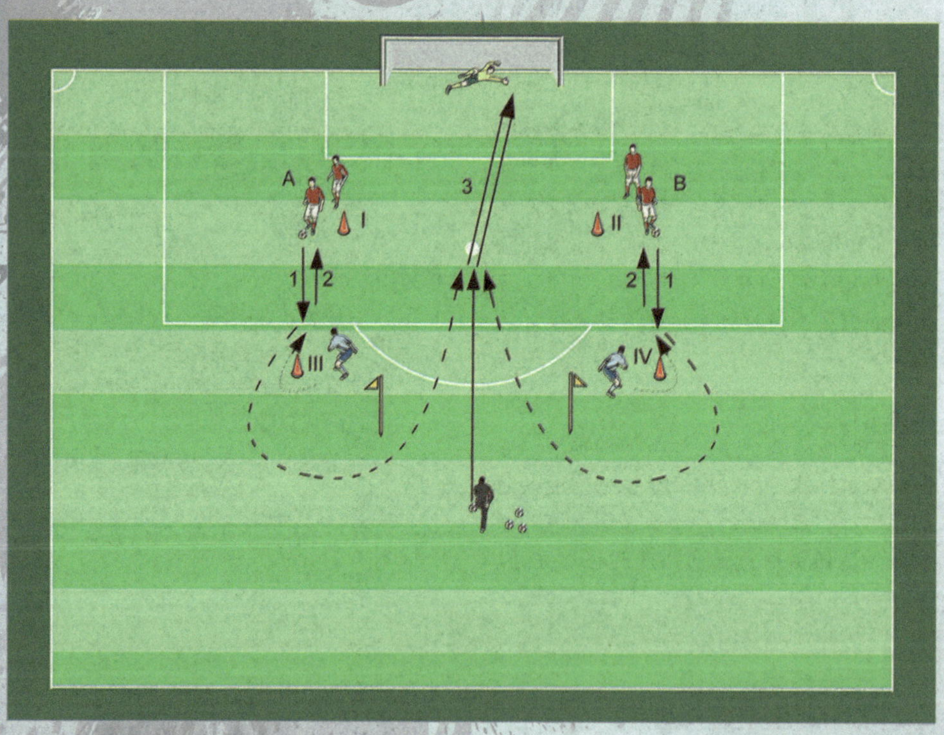

致谢

多年以前，我就想将本人作为运动员和教练的经验，以及本人通过讲课、指导研修班和与足球爱好者交谈所产生的感想整理成图书出版。这个想法现在终于实现了。

衷心感谢以下个人和单位。

感谢Easy2Coach的图形软件Easy2Coach Draw，让本书能够用很多新颖的方式呈现各种训练。

感谢Meyer & Meyer Publishing提供的合作，让我能够以各种不同的媒体形式（图书形式、电子书，其他各种训练教材）在全球传播本人关于训练工具的观点。

感谢林巴赫的信任和提供的法律咨询。

感谢我的父亲乔纳斯•蒂茨。他是我永远可以依赖的人，是第一个带领我走进足球世界的人。在我创作训练图解的过程中，父亲总是孜孜不倦，和颜悦色。

感谢Meyer & Meyer Publishing。特别要感谢约根•迈耶。谢谢他的自信、信念以及许多良好的建议。

感谢塞巴斯蒂安•斯塔凯一直陪伴在我身旁。他是我最信赖的搭档和爱挑刺的朋友。同时，他还是任何作者梦寐以求的最有能力的编辑之一。

感谢我的朋友史蒂夫•杜利提出的很多建设性的批评。

感谢托马斯•杜利专业的原创精神以及对本人训练理论的信任。感谢我的老朋友和教练同事蒂莫•纳高不时提供的帮助和建议。

此外，我还要感谢在创作过程中陪伴我、激发我灵感的所有朋友。特别感谢我的家人，谢谢他们在这段时间里对我的肯定和无限的支持。

克里斯蒂安•蒂茨